Uwe Uhlendorff
Theorie und Praxis Sozialpädagogischer Fallarbeit

Uwe Uhlendorff

Theorie und Praxis Sozialpädagogischer Fallarbeit

Ein Lehrbuch

Der Autor

Uwe Uhlendorff studierte Pädagogik, Soziologie und Kommunikationswissenschaften an der Universität Göttingen. Danach arbeitete er mehrere Jahre in der Heimerziehung und promovierte zum Thema Sozialpädagogische Diagnosen. Seit 2004 ist er Professor für Sozialpädagogik mit dem Schwerpunkt Fachdidaktik der Sozialpädagogik an der Technischen Universität Dortmund. Zu seinen Lehr- und Forschungsschwerpunkten zählen Familienforschung, Geschichte der Jugendhilfe, Sozialpädagogische Diagnostik, Inklusion und Fachdidaktik in der Lehrer*innenausbildung im Fach Sozialpädagogik. Bekannt wurde er mit seinen Veröffentlichungen zum Thema Sozialpädagogische Diagnosen für Jugendliche in den 1990er Jahren. Die von ihm gemeinsam mit anderen Forscher*innen entwickelte Sozialpädagogische Familiendiagnose wird mittlerweile in vielen Jugendhilfeeinrichtungen angewendet. Neben Grundlagenforschung hat Uwe Uhlendorff zahlreiche Praxisentwicklungsprojekte und Fortbildungen zum Sozialpädagogischen Fallverstehen geleitet.

Dieses Buch ist erhältlich als:
ISBN 978-3-7799-7644-8 Print
ISBN 978-3-7799-7645-5 E-Book (PDF)

1. Auflage 2024

Herstellung: Ulrike Poppel
Satz: text plus form, Dresden
Druck und Bindung: Beltz Grafische Betriebe, Bad Langensalza
Beltz Grafische Betriebe ist ein klimaneutrales Unternehmen (ID 15985-2104-100)
Printed in Germany

Weitere Informationen zu unseren Autor:innen und Titeln finden Sie unter: www.beltz.de

Inhalt

Einleitung

Dieses Lehrbuch richtet sich an angehende Sozialpädagog*innen, Sozialarbeiter*innen, Erzieher*innen und Kindheitspädagog*innen, die sich in der Ausbildung befinden, sei es im Studium an einer Fachhochschule, einer Universität oder an einer Fachschule. Es eignet sich aber auch für sozialpädagogische Praktiker*innen, die ihr Wissen und ihre Kompetenzen auffrischen oder weiterentwickeln möchten, zum Beispiel im Rahmen von Fort- und Weiterbildungen oder im Selbststudium. Das Lehrbuch vermittelt grundlegende sowie weiterführende Kenntnisse und Fertigkeiten der Sozialpädagogischen Fallarbeit mit Kindern, Jugendlichen und Eltern. Es berücksichtigt unterschiedliche Arbeitsfelder von sozialpädagogischen Fachkräften, wie Erziehungs- und Familienberatung, Hilfen zur Erziehung und Straßensozialarbeit. Auch für den offenen Ganztag, für die Familienbildung und für die pädagogische Arbeit in Kindertageseinrichtungen finden sich Anregungen. Das Lehrbuch soll zur Professionalisierung im Rahmen der Ausbildung beitragen, sei es in Seminaren oder im Unterricht, oder in der beruflichen Praxis selbst. Da es Übungen und Aufgabenstellungen zur Selbstüberprüfung enthält, eignet es auch zum Selbststudium.

Das Lehrbuch befasst sich intensiv mit vier Handlungsfeldern der Sozialpädagogischen Fallarbeit: Bildungsprozesse von Kindern und Jugendlichen erkennen und begleiten, Erziehungsprozesse unterstützen, Familienübergänge begleiten und Bildungsprozesse von Eltern begleiten. In jedem Kapitel zu den einzelnen Handlungsfeldern steht ein Fallbeispiel im Zentrum, anhand dessen theoretische Ansätze vermittelt werden, um den sozialpädagogischen Blick zu schärfen. Es wird aber auch jeweils eine praktische Methode der Fallarbeit vorgestellt: Dabei handelt es sich um Beratungsansätze und verschiedene visualisierende Methoden. Die Übungen und Aufgaben innerhalb der einzelnen Kapitel ermöglichen es, Fertigkeiten einzuüben oder den eigenen Lernprozess zu überprüfen. Die Bearbeitungshinweise zu den Übungen und die Lösungen zu den Aufgaben finden Sie im Anhang A und B. Im Anhang C werden auch zwei Fallbeispiele dokumentiert, die mit Prüfungsaufgaben versehen sind (die Lösungen finden sich im Anhang D).

Hinweis zu den Online-Materialien
Das vollständige Material aus dem Anhang (Bearbeitungshinweise, Lösungen zu den Aufgaben zur Selbstüberprüfung, Prüfungsaufgaben und -Lösungen) steht ebenfalls als Download zur Verfügung. Gehen Sie hierfür auf die Produktseite des Buches auf www.beltz.de, um über den Reiter »Online-Materialien« die Dateien herunterladen zu können. Es ist kein Passwort notwendig.

Ich habe in diesem Lehrbuch Ergebnisse verarbeitet, die ich in Zusammenarbeit mit Matthias Euteneuer, Frank Mücher und Claudia Equit im Rahmen mehrerer Forschungsprojekte erzielt habe. Die Fallbeispiele stammen sowohl aus den Forschungsprojekten als auch aus meiner langjährigen Fortbildungstätigkeit bei Fachpool gGmbH Herne.

Ich bedanke mich aufrichtig bei den Jugendlichen und Eltern, die in Gesprächen und Interviews sehr ausführlich über ihr Leben sowie dessen Herausforderungen berichtet und die uns ihr Vertrauen geschenkt haben. Mein Dank gilt auch den Fachkräften, die direkt oder indirekt mitgewirkt haben. Bedanken möchte ich mich auch bei der geobra Brandstätter Stiftung & Co. KG, die uns das für die Methode des Familienszenarios verwendete Playmobil Material kostenlos zur Verfügung gestellt und die Druckgenehmigung für die Familienszenen erteilt hat. Bei dem Buch handelt es sich um eine erweiterte Fassung eines Studienheftes, das ich für die Europäische Fernhochschule Hamburg verfasst habe.

Das Lehrbuch wird Ihnen als Wegweiser professionellen Handelns dienen. Ich wünsche Ihnen viel Spaß bei der Lektüre und viel Erfolg bei den Übungen und bei der Lösung der Aufgabenstellungen am Ende der einzelnen Kapitel.

Verwendungshinweise

Um die Nutzung dieses Bandes zu erleichtern, wird bewusst auf ein bestimmtes grafisches Schema zurückgegriffen. Es werden Icons verwendet, die an das Alphabet der Deutschen Gebärdensprache angelehnt sind:

Unter **D** wie »Definition« finden Sie die zentralen Definitionen, die für das Verständnis der behandelten Themen essenziell sind.

Unter **H** wie »Hinweis« finden Sie wertvolle Anregungen und Hinweise für die praktische Umsetzung.

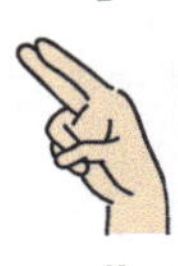

Unter **K** wie »Können« finden Sie die wesentlichen (Lern-)Ziele der Themenschwerpunkte im Überblick.

Unter **R** wie »Regel« werden verschiedene Grundregeln zusammengefasst, die für die Methoden des Sozialpädagogischen Fallverstehens wegweisend sind.

1 Sozialpädagogische Fallarbeit und ihre Handlungsfelder

Sozialpädagogische Fallarbeit findet an ganz unterschiedlichen Orten statt: in den Räumen einer Beratungsstelle eines Jugendamtes oder eines Mehrgenerationenhauses, in einer Wohngruppe einer Jugendhilfeeinrichtung oder in der Wohnung einer Familie im Rahmen einer Sozialpädagogischen Familienhilfe. Selbst auf der Straße kann sie geleistet werden, zum Beispiel von einem*einer Straßensozialarbeiter*in. Sozialpädagogische Fallarbeit ist an keinen spezifischen Ort gebunden. Das, was Sozialpädagogische Fallarbeit ausmacht, ist eine Interaktion zwischen einer eigens dafür ausgebildeten Fachkraft und Eltern, Kindern oder Jugendlichen. Sie zielt darauf ab, gemeinsam (ko-konstruktiv) mit den Eltern, Kindern oder Jugendlichen zu klären, was der Fall ist und sozialpädagogische Aufgabenstellungen zu entwickeln (vgl. Müller 1993). Letztere sollen die Familienmitglieder dabei unterstützen, ihren Lebensalltag besser zu bewältigen oder ihre Konflikte und sozialen Probleme zu lösen. Die Ziele der Hilfe oder der Unterstützung lassen sich keinem »Hilfekatalog« entnehmen, sondern werden zusammen mit den Klient*innen entwickelt.

Sozialpädagogische Fallarbeit lässt sich einem der drei klassischen Arbeitsansätze der Sozialen Arbeit zuordnen: der Einzelfallarbeit – auch Case Management oder Einzelfallhilfe genannt. Worin unterscheidet sie sich aber von den anderen beiden Ansätzen, der Gruppenarbeit und der Gemeinwesenarbeit? Die Gruppenarbeit zielt darauf ab, soziale Dynamiken innerhalb eines bestimmten Personenkreises zu initiieren und dadurch Lern- und soziale Integrationsprozesse zu fördern. Bei der Gemeinwesenarbeit geht es vorrangig darum, die Bewohner*innen einer Nachbarschaft zu gegenseitiger Hilfe und politischem Engagement zu motivieren, um dadurch ihre sozialräumlichen Bedingungen zu verbessern.

Die Einzelfallarbeit konzentriert sich hingegen auf ein einzelnes

Individuum oder eine kleine Lebensgemeinschaft, wie ein Elternpaar oder eine Familie. Im Zentrum stehen eine spezifische Lebenssituation und die Frage, wie sie verbessert oder verändert werden kann. Das kann zum Beispiel ein Paar sein, das aufgrund von Verschuldung zahlungsunfähig und dadurch psychisch belastet ist. Die Einzelfallarbeit konzentriert sich hierbei darauf, mit den Betroffenen Maßnahmen zu entwickeln, die aus der Schuldenfalle und zur psychischen Entlastung führen. Die Bewältigung von sozialen Problemen wie Armut, Sucht, psychischen Belastungen und Behinderung sind klassische Themen der Sozialarbeit. Daneben gibt es aber auch individuelle Herausforderungen, die sich nicht unbedingt unter die hier genannten Kategorien subsumieren lassen und ebenfalls Gegenstand von Einzelfallarbeit sind.

Es handelt sich dabei um Herausforderungen, die sich im Kontext von Erziehung und Bildung ergeben und für die die Kinder- und Jugendhilfe zuständig ist. Eltern haben den gesetzlichen Auftrag, ihre Kinder zu erziehen und Kinder sollen sich zu gemeinschaftsfähigen und eigenverantwortlichen Persönlichkeiten entwickeln bzw. bilden. Dass diese Herausforderung nicht immer ohne die professionelle Unterstützung von außen gelingt, davon zeugt das Spektrum an sozialpädagogischen Angeboten, das sich in den letzten 100 Jahren entwickelt hat und insbesondere durch die Hilfen zur Erziehung (§§ 27–36 SGB VIII) abgebildet wird. Letztere umfassen Einzelfallhilfen, wie zum Beispiel Erziehungsberatung, Erziehungsbeistand, Sozialpädagogische Familienhilfe, Heimerziehung und intensive sozialpädagogische Einzelbetreuung. Hier findet im engeren Sinne Sozialpädagogischer Fallarbeit statt. Sie unterstützt Kinder und Jugendliche bei Schwierigkeiten, die sie mit dem Aufwachsen haben, und Eltern, die in der Erziehungsverantwortung stehen und dabei grundsätzliche Fragen klären wollen. Sozialpädagogische Fallarbeit greift dabei auf unterschiedliche Konzepte, wie zum Beispiel das Sozialpädagogische Fallverstehen, und Methoden, wie Beratung, Sozialpädagogische Diagnose, visualisierende oder videobasierte Verfahren, zurück (Uhlendorff 2022).

Sozialpädagogische Fallarbeit zielt auf die Konstruktion eines Settings ab, um Erziehungs- und Bildungsprozesse zu unterstützen. Unter einem Setting versteht man »ein Arrangement von Objekten, Räumen, Zeiten und Personen« (Schwabe 2021, S. 27).

Sozialpädagogische Fallarbeit umfasst ganz unterschiedliche Handlungsfelder. Darunter sind komplexe Aufgabenstellungen zu verstehen, die den sozialpädagogischen Fachkräften bestimmte Kompetenzen abverlangen, wie theoretisch-konzeptionelles Wissen und fachliche Fertigkeiten. Es lassen sich vier Handlungsfelder Sozialpädagogischer Fallarbeit unterscheiden:

1. *Bildungsprozesse von Kindern und Jugendlichen erkennen und begleiten:* Darunter sind keine schulischen Lernprozesse im Sinne einer Aneignung von Wissenskompetenzen zu verstehen, sondern die Auseinandersetzung mit tragfähigen Lebenskonzepten. Sozialpädagogische Fallarbeit begleitet Kinder und Jugendliche bei der Reflexion und Veränderung ihrer Lebenskonzepte.
2. *Erziehungsprozesse unterstützten:* Erziehung ist ein wechselseitiger Prozess. Eltern konfrontieren ihre Kinder mit Entwicklungserwartungen, Kinder greifen diese sinnstiftend auf oder stellen diese infrage. Sozialpädagogische Fallarbeit unterstützt Eltern und Kinder dabei, Entwicklungsaufgaben zu entwickeln und zu bewältigen.
3. *Familienübergänge begleiten:* Die Neuorganisation von Familien nach Trennung bzw. Scheidung ist eine besondere Herausforderung für Eltern und Kinder. Dabei geht es unter anderem um die Aushandlung von Elternverantwortlichkeiten, aber auch um die Einbeziehung neuer Partner*innen in die Familien. Sozialpädagogische Fallarbeit zielt darauf ab, Elternteile bei der Veränderung und Gestaltung ihrer neuen Familienfiguration zu unterstützen.
4. *Bildungsprozesse von Eltern begleiten:* Eltern stehen vor der Aufgabe, ihren Familienalltag zu strukturieren und an veränderte Lebenslagen anzupassen. Dabei werden sie mit gesellschaftlichen normativen Erwartungen und Leitbildern von Familie konfrontiert. Sie stehen vor der Herausforderung, tragfähige Familienkonzepte zu entwickeln und zu verändern im Sinne von tiefgreifenden Bildungsprozessen. Sozialpädagogische Fallarbeit bietet Eltern einen Ort an,

an dem sie ihre Familienkonzepte reflexiv bearbeiten und sich auf Suchbewegungen begeben können.

Im folgenden Kapitel will ich auf das erste Handlungsfeld ausführlich eingehen.

2 »Nina überlegt, sesshaft zu werden«: Bildungsprozesse von Kindern und Jugendlichen erkennen und begleiten

Nachdem Sie dieses Kapitel bearbeitet haben, wissen Sie, was Bildung und Lernen im Kontext der Kinder- und Jugendhilfe bedeutet. Sie sind in der Lage, Bildungsprozesse und die ihnen zugrundeliegenden Glaubenssätze von Kindern und Jugendlichen zu erkennen. Mithilfe der Methode des fragend-erörternden sozialpädagogischen Gesprächs können Sie Bildungsprozesse von Kindern sowie Jugendlichen erkennen, begleiten und unterstützen.

2.1 Über Bildung und Lebenskonzepte

Zum professionellen Handeln von Sozialpädagog*innen und Sozialarbeiter*innen gehört unter anderem auch das Einwirken auf Bildungsprozesse von Kindern, Jugendlichen und jungen Erwachsenen. Bildung ist ein Begriff, der uns in Bezug auf Schule geläufig ist. Im Allgemeinen versteht man unter Bildung in erster Linie den Wissenserwerb in institutionellen Kontexten, wie zum Beispiel Schule oder Hochschule. Allerdings hatte Wilhelm von Humboldt, der als Minister in Preußen die Schulpflicht und das Universitätssystem wesentlich reformiert hat, etwas anderes im Sinn, wenn er von Bildung sprach: Nach seiner Vorstellung soll Bildung die »Kräfte« des Menschen anregen, damit er sich über die Aneignung der Welt individuell zu einer sich selbst bestimmenden Persönlichkeit entfalten kann. Er vertrat einen ganzheitlichen Bildungsansatz, bei dem die Entwicklung der Persönlichkeit im Zentrum steht, nicht nur im Hinblick auf Selbstbestimmung, sondern auch auf die Kultivierung moralischer, sozialer und ästhetischer Haltungen zu sich selbst und zur Welt (vgl. Benner 2003).

In den Theorien der Sozialpädagogik spielt dieser ganzheitliche Aspekt von Bildung eine zentrale Rolle, so zum Beispiel bei Michael Winkler, der Bildung ähnlich wie Humboldt als »Subjektwerdung« versteht (Winkler 2021). Er meint damit, dass sich Kinder und Jugendliche zu Individuen entwickeln, die nicht nur gesellschaftsfähig sind und mehr oder weniger autonom handeln können, sondern auch Gesellschaft mitgestalten und verändern werden. Insofern hat die Kinder- und Jugendhilfe neben Schule und Universität einen gesellschaftlich begründeten Bildungsauftrag. Ein Beispiel dafür ist der Bildungsauftrag der Jugendarbeit, der im Sozialgesetzbuch Buch VIII (§ 11) rechtlich verankert ist:

> »Jungen Menschen sind die zur Förderung ihrer Entwicklung erforderlichen Angebote der Jugendarbeit zur Verfügung zu stellen. Sie sollen an den Interessen junger Menschen anknüpfen und von ihnen mitbestimmt und mitgestaltet werden, sie zur Selbstbestimmung befähigen und zu gesellschaftlicher Mitverantwortung und zu sozialem Engagement anregen und hinführen«.

Zu nennen sind auch die von den Bundesländern verabschiedeten Bildungspläne (vgl. Ländermonitor 2021), die insbesondere im Arbeitsfeld der Kindertagesbetreuung im letzten Jahrzehnt implementiert wurden. Des Weiteren beansprucht die Kinder- und Jugendhilfe einen Bildungsauftrag in Bezug auf Eltern, der in dem Begriff »Familienbildung« zum Ausdruck kommt. Familienbildung gehört, neben den Angeboten »Beratung in allgemeinen Fragen der Erziehung und Entwicklung junger Menschen«, der »Familienfreizeit und -erholung« zum Leistungsbereich »Förderung der Erziehung in der Familie« (§ 16 Sozialgesetzbuch Buch VIII).

Hinweis

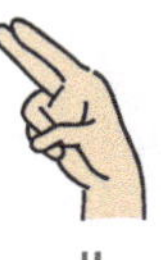

Im Theoriediskurs der Sozialpädagogik nimmt der Begriff »Bildung« eine zentrale Rolle ein. Er umfasst mittlerweile ein breites Spektrum von Theorieentwürfen, das weit in die Geschichte der Sozialpädagogik zurückgreift. Als Beispiele sind hier Müller et al. (1964), Sünker (1989), Sturzenhecker und Lindner (2004) sowie die Beiträge in Lindner, Thole und Weber (2003) zu nennen. Die Liste der Autor*innen lässt sich mit Schaarschuch (1995) und Graf (1996) noch weiter fortsetzen. Sie nehmen Bezug auf Klassiker wie Wilhelm von Humboldt, Adorno, Heydorn, Hegel und Kant, aber auch auf den Bildungsbegriff, wie er von Marotzki (1990) und Koller (1999) entwickelt wurde.

Bei aller Unterschiedlichkeit der theoretischen Zugänge lässt sich aus heutiger Sicht eine gemeinsame Schnittmenge ausfindig machen. Ausgangspunkt ist ein Grundverständnis von Sozialer Arbeit, das sich von »Normalisierungsarbeit« (vgl. Schaarschuch 2006) im Sinne einer Anpassung an gesellschaftliche Normen bzw. kapitalistische Produktionsbedingungen distanziert und die Förderung von Bildungsprozessen ermöglicht, und zwar sowohl durch die Interaktion zwischen Professionellen und Klient*innen als auch durch die Bereitstellung und Mit-Gestaltung von pädagogischen Arrangements. Bildung wird verstanden als Subjektwerdung im Kontext einer Emanzipation bzw. Freisetzung von Zwängen und einer Selbstentfaltung im Hinblick auf ein besseres Leben. Sie ermöglicht aber zugleich auch gesellschaftliche Teilhabe, im Sinne einer kritischen Reflexion und (Um-)Gestaltung gesellschaftlicher Bedingungen. Der Sozialen Arbeit kommt daher die Aufgabe zu, pädagogische Räume bzw. Settings zur Verfügung zu stellen, um Bildungsprozesse im Sinne einer Subjektwerdung zu unterstützen. Dies gilt nicht nur für benachteiligte Kinder, Jugendliche und Eltern, sondern, wie der Ausbau der Kindertagesbetreuung und deren Erweiterung zu Familienzentren zeigen, für alle Bevölkerungsgruppen. Nicht zuletzt vor diesem Hintergrund hat sich innerhalb der Fachdiskussion ein programmatischer Bildungsbegriff eingebürgert, der sich gegenüber dem Bildungssystem Schule mit den Termini non-formale oder informelle Bildung im Kindes- und Jugendalter absetzt (Rauschenbach et al. 2004; Otto/Rauschenbach 2008).

Hinweis

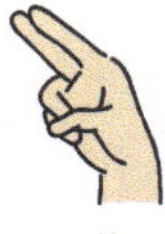

Sozialpädagogische Forschung interessiert sich dafür, wie die im Sinne einer Subjektwerdung und Persönlichkeitsentwicklung verstandenen Bildungsprozesse strukturell, zum Beispiel aufgrund gesellschaftlicher Benachteiligung, behindert und wie sie sozialpädagogisch unterstützt werden können – oder wie sie sich in sozialpädagogischen Einrichtungen generell gestalten. Zu nennen sind folgende empirische Studien: Mollenhauer und Uhlendorff (1992), Uhlendorff (2010), Kaiser (2011), Equit (2011), Magyar-Haas (2021).

Das Problem besteht darin, dass die Bildungsbegriffe, wie sie in der Theoriediskussion und Forschung verwendet werden, sehr abstrakt formuliert und schwierig auf die praktische Sozialpädagogische Fallarbeit zu übertragen sind. Zudem sind die Grenzen von Lernen und Bildung im Fachdiskurs nicht immer deutlich. Ich möchte mit Ihnen daher im Folgenden eine Definition von Bildung erarbeiten, die für das Sozialpädagogische Fallverstehen und für die Fallarbeit nützlich ist und die sich von dem Begriff »Lernen« wesentlich unterscheidet. Am besten gelingt dies anhand eines Beispiels. Ich habe eine Jugendliche, die im Rahmen von Straßensozialarbeit betreut wird, ausgewählt. Ich nenne sie im Folgenden Nina. An ihr lässt sich sehr gut zeigen, dass Bildung auch außerhalb gängiger Institutionen, wie Schule oder KiTa stattfinden kann, selbst in sehr prekären Lebenslagen. Die wörtlichen Zitate stammen aus Gesprächen, die ein Straßensozialarbeiter mit Nina geführt hat.

Fallbeispiel 2.1

Die zum Zeitpunkt der Gespräche achtzehnjährige Nina lebt seit ihrem dreizehnten Lebensjahr auf der Straße. Ninas Kindheit ist durch massive Gewalterfahrungen und Übergriffe innerhalb ihrer Herkunftsfamilie geprägt. Aufgewachsen ist sie mit ihren beiden Schwestern bei ihrer alleinerziehenden Mutter. Als diese vor rund zehn Jahren einen neuen Lebensgefährten kennenlernte, ist es zu schwerwiegenden Übergriffen gekommen, in deren Folge Nina für mehrere

Wochen stationär behandelt werden musste. Daraufhin durfte sie nicht mehr in die Familie zurückkehren, worin sie die hauptsächliche Ursache für ihr späteres Leben als Obdachlose sieht.

> »Das hat angefangen vor achteinhalb Jahren, bis zu dem Zeitpunkt hab ich bei meiner Mutter gelebt, dann hat meine Mutter einen Mann kennengelernt, der ist jünger als sie und kommt mit keinen Kindern zurecht, die nicht aus seiner Ehe sind. Der hat dann angefangen mich zu schlagen und misshandeln und dann hab ich wegen dem zweieinhalb Wochen im Krankenhaus gelegen und danach hat dann das Jugendamt gesagt, so, entweder die zieht jetzt zu ihrem Vater oder sie kommt in ein Heim«.

Während ihres Aufenthalts beim Vater hat Nina keine körperliche Gewalt erfahren. Dennoch kam es, bedingt durch die berufliche Abwesenheit des Vaters, zu Auseinandersetzungen mit ihrer Stiefmutter, mit der sie sich nach eigenen Schilderungen nicht verstanden hat.

> »So und dann hab ich eineinhalb Jahre bei meinem Vater gelebt, der war aber nie zu Hause, also hab ich nur mit meiner Stiefmutter zu tun gehabt, weil der arbeiten musste und dann hatte ich mit der auch irgendwann noch Stress gekriegt und die meinte dann, sie kommt mit mir nicht zurecht und dann ist mein Vater das erste Mal zum Jugendamt gegangen und hat dann gemeint, von wegen ›Leute ich brauch Hilfe‹. Na ja und dann hat das ein halbes Jahr ungefähr gedauert und dann hab ich auch irgendwann gesagt: ›Und jetzt hab ich kein Bock mehr‹. Und hab das Jugendamt angerufen und gesagt: ›Ich will hier raus und das sofort‹«.

Ninas Lebensgeschichte weist ausgeprägte Jugendhilfeerfahrungen auf. Vor allem in den letzten Jahren hat sie verschiedene Heimeinrichtungen und Nothilfeprogramme durchlaufen, in deren Folge es zu einer sukzessiven Hinwendung zur Straße gekommen ist, die sie als einen Alternativentwurf gegenüber der stationären Jugendhilfe begreift. Im Gespräch schildert sie, dass sie sich während der Zeit ihres ersten Heimaufenthalts in einer Wohngruppe mit festen Bezugspersonen zunächst sehr wohl gefühlt habe. Dabei hebt Nina ihr gutes Verhältnis zur Gruppenleiterin, die zugleich ihre Bezugserzieherin gewesen sei, hervor. Sie sei zwar sehr streng gewesen, aber dennoch habe sie ihren Erziehungsstil, den sie als sehr fair bezeichnet, akzeptiert. Als jedoch nach einem halben Jahr ihre Wohngruppe aufgelöst wurde und Nina die Einrichtung verlassen musste und in einem anderen Heim untergebracht werden sollte, konnte sie diese Entscheidung nicht nachvollziehen. Sie habe dies als einen massiven Vertrauensbruch erlebt. Außerdem habe man ihr eine »starke sexuelle Veranlagung« unterstellt und sie deshalb in einer gleichgeschlechtlichen Wohngruppe untergebracht. Dort habe sie auf Verbote mit Wutausbrüchen reagiert, bei denen sie Türen eintrat. Als es dann dort zur Kündigung ihres Bezugsbetreuers unmittelbar vor einem Hilfeplangespräch kam, habe sie sich entschlossen, ihr Leben ›selbst in die Hand zu nehmen‹ und die Einrichtung zu verlassen.

> »Nö, da wollte ich da auch gar keinen Kontakt mehr haben, weil ich dann irgendwann gesagt hab, so nachdem das dann in A. [Kinderheim] passiert ist, hab ich denen gesagt: ›Verarschen könnt ihr einen anderen‹. Ja und dann hab ich halt auch gesagt so: ›Lasst mich alle in Ruhe, ich mach mein Ding und ihr macht euer Ding und gut is's‹ [lacht]. Irgendwann ist jeder mal allein und muss nur noch mit sich selber klarkommen. Am besten man fängt früh genug damit an.

In der nahegelegenen Großstadt habe Nina schnell Anschluss an die Wohnungslosenszene gefunden und sowohl die vorhandenen Angebote der Wohnungslosenhilfe als auch die Unterstützung von Freunden und Szenenbekanntschaften genutzt.

> »[...] und dann bin ich in die Treberhilfe gegangen, weil ich da auch schon ein Mädchen kannte, die da war und ja, da war ich zwei Monate

in der Treberhilfe und bin dann von da aus mit den Leuten, die man dann da kennenlernt, und Leuten von der Bahnhofsgegend, die man kennenlernt, und das Leben auf der Straße ist ja so frei und da kann man ja machen, was man will, und das macht doch eigentlich viel mehr Spaß, also geht man dahin. Na, dann war ich auf der Straße und dann hat das Jugendamt irgendwann gesagt: ›So jetzt war sie einmal auf der Straße, jetzt kann sie da auch bleiben‹«.

Sie habe zum Teil bei Männern übernachtet, zu denen sie meist nur eine kurze Beziehung hatte, oder mit einer Gruppe von Wohnungslosen in leerstehenden Fabrikhallen. Die Beziehung zu älteren Freunden habe ihr einerseits Schutz vor Einsamkeit oder vor den Gefahren des Straßenlebens geboten, andererseits sei sie hierdurch auch immer wieder in Abhängigkeit geraten zu ihren Partnern und musste zum Teil auch gewaltsame Handlungen hinnehmen. Ein stetiger Begleiter sei ihr Hund gewesen.

Ihre Inanspruchnahme von sozialpädagogischen Angeboten beschränkt sich seither auf niedrigschwellige Hilfen wie Notschlafstellen oder etwa die Anlaufstelle eines Obdachlosencafés am Hauptbahnhof, die sie bei Konflikten aufsucht.

»Ja und dann bin ich als erstes zum Bahnhof gefahren, zum [Obdachlosencafé], um da erst mal bei Leuten, die ich kannte, mir eine Hundeleine zu holen. Ja und da hatte ich diese Leine und da hab ich eine dreiviertel Stunde vor dem [Café] gesessen und da kam jemand aus dem Café raus, den ich auch kannte und dann hat der gemeint: ›So es bleibt keiner alleine, es bleibt keiner auf der Straße und wenn der dich vor die Tür gesetzt hat, dann kommste jetzt mit zu uns‹. Ja und dann bin ich wieder zurück nach [Stadtteil], wieder in diese Hallen und – [lacht] ja jetzt mussten wir da aber auch raus, weil da abgerissen wird«.

Daneben spielt für sie aber auch die Unterstützung durch Straßensozialarbeit eine wichtige Rolle, gerade dann, wenn es in ihren informellen Helfernetzwerken zu Problemen kommt.

»Ja, weil ich auf jeden, weil ich gesehen hab, dass es was bringt und ich anfangs gedacht habe, die sagen hmm ›entweder du machst das oder du machst das oder das war's‹. Das ist halt nicht das, was ich mir vorgestellt hätte. Ich war halt der Meinung so, Streetworker, das erste was die versuchen ist, dich von der Straße zu kriegen, in irgendeine Einrichtung oder wie auch immer. Und das war das, wo ich von Anfang an gesagt hab, da hab ich kein Bock drauf, weil ich auch mit so einer Scheiße wie Jugendamt nichts mehr zu tun haben will. Die haben Scheiße genug mit mir gebaut und ich hab da gesagt so, ich hab da keine Lust mehr drauf. Ja«.

Erst als ihr nach mehreren Gesprächen allmählich klar wurde, dass sich Straßensozialarbeit von den ihr bekannten Formen der Erziehungshilfen unterscheidet und sie ihr bei der Bewältigung ihrer Problemlagen hilfreich sein kann, gewinnt Nina Vertrauen und ist zu einer weiterführenden Zusammenarbeit bereit. Dabei nutzt sie beispielsweise Straßensozialarbeit im Vorfeld ihres achtzehnten Geburtstages in der Übergangsphase von Jugend- zur Sozialhilfe vornehmlich dazu, Sozialleistungen zu beantragen und ihre Interessen gegenüber Ämtern und Behörden vertreten zu lassen.

»Nö, da hab ich auch gesagt, Hilfe von Andrea [Straßensozialarbeiterin] auf jeden Fall, weil ich alleine, ich hab halt keine Ahnung. Bei mir sagen sie so und so, nö tschö ... und Andrea hat da ein bisschen mehr Erfahrung, ein bisschen mehr Ahnung, die kann mehr reden als ich, weil ich nicht wirklich weiß, was ich sagen soll [lacht]. Ja und deswegen – Andrea ihre Hilfe hab ich gerne in Anspruch genommen«.

So sei es ihr ihr Ziel gewesen, über die Zusammenarbeit mit Straßensozialarbeit einen Hartz IV-Antrag zu stellen, um nicht vom Betteln abhängig zu sein.

Nina sieht in Straßensozialarbeit ein Mittel zur Verbesserung ihrer sozialen Situation. Die Niedrigschwelligkeit der Unterstützung erlaubt es ihr, Straßensozialarbeit für sich in Anspruch zu nehmen, ohne dabei unter Druck gesetzt zu werden, weitergehende Verpflichtungen einzugehen, die eine grundlegende Veränderung ihres derzeitigen Lebens erfordern würden. Aus diesem Grund lehnt sie auch eine Rückkehr in die Jugendhilfe für sich ab.

Trotz einer kontinuierlichen Inanspruchnahme von Straßensozialarbeit strebt Nina die Beibehaltung ihres bisherigen Lebenskonzeptes an. So kann sie sich auch in Zukunft kein ›normales Leben‹ innerhalb bürgerlicher Konventionen vorstellen und möchte die Unabhängigkeit und Ungebundenheit ihres Straßenlebens auch in Zukunft weiterhin aufrechterhalten. Dennoch hat sie detaillierte Vorstellungen darüber, wie sie sich zusammen mit ihrem Freund eine eigene, diesem Lebenskonzept entsprechende Wohnung einrichten würde.

> »Viel verändern wird sich nicht, weil ich gesagt hab, ich will so dieses normale Leben nicht haben. Ich hab jetzt viereinhalb Jahre auf der Straße gewohnt und wenn ich jetzt direkt in eine Wohnung komme und die ist komplett eingerichtet, dann hab ich das Gefühl, ich muss bleiben. Auf der Straße, wenn mir irgendwas nicht passt, ich pack meine Sachen und geh. Fertig. Ich bin auf Niemanden und auf Nichts angewiesen und ich kann einfach gehen. Das ist in einer Wohnung halt nicht so. Deswegen hab ich mit meinem jetzigen Freund auch schon besprochen, wenn wir in einer Wohnung sind, dann wird da genauso wie jetzt auch ein Holzbrett an die Wand gehängt, irgendwie mit Seilen an der Decke befestigt und und und. Und da werden dann Decken auf den Boden gelegt, worauf man dann schläft. Das wird so bleiben, wie es vorher auch war, solange bis ich dann irgendwann sag: ›So jetzt bin ich bereit dazu‹. Ich weiß noch nicht, wie lange es dauert [lacht]«.

Auch kann sich Nina zu einem späteren Zeitpunkt ein anderes Leben vorstellen, in dem sie einen Schulabschluss an einer Abendschule erwirbt, um dann später als Tierpflegerin oder auch im Baugewerbe arbeiten zu können. Wann sie bereit dazu ist, diesen Schritt zu gehen, weiß sie allerdings noch nicht« (Mücher/Uhlendorff 2015).

Was lässt sich anhand des Fallbeispiels im Hinblick auf Bildung sagen? Ein Schlüssel dafür ist, wie Nina ihre eigene Biografie reflektiert. In den Interviewpassagen nimmt sie drei biografische Zeitebenen ein.

- Ihre *Vergangenheit* rekonstruiert Nina als eine Leidensgeschichte, die durch Gewalt und Vernachlässigung gekennzeichnet ist. Allerdings wird diese »Leidenskurve« durch eine kurze, positiv erlebte Episode im Heim unterbrochen. Im weiteren Verlauf ihrer Biografie entscheidet sie sich, auf der Straße zu leben und die stationäre Hilfe (Wohngruppe) sowie den Kontakt zum Jugendamt abzubrechen.
- Sie beschreibt ihre *gegenwärtige Situation,* mit der sie zufrieden ist. Sie berichtet von ihrem Freund.
- Nina richtet in dem Gespräch mit ihrem Sozialarbeiter ihren Blick auch auf eine mögliche *Zukunft.* Sie überlegt, mit ihrem Freund sesshaft zu werden, eine Ausbildung zu machen und vielleicht später mit ihm Kinder zu haben.

Es lässt sich zunächst festhalten, dass Bildung voraussetzt, dass ein Individuum sich selbst als Subjekt konstituiert, das handelnd sein Leben gestaltet und zu verändern versucht. Nina tut dies in dem Gespräch, indem sie die drei biografischen Zeitebenen sinnhaft miteinander verknüpft und eine biografische Entwicklungslinie konturiert. Dadurch gelingt es ihr, sich als eine Person zu beschreiben, die ihr Leben mehr oder weniger selbst in die Hand nimmt. Sie beschreibt ihr Handeln als sinnhaft. Die Soziologen Schütz und Luckmann formulieren das so: »Ich tue etwas, weil ich bestimmte Erfahrungen gemacht habe (Weil-Motive), gleichzeitig verbinde ich mit meinem Tun bestimmte Absichten und Pläne (Um-zu-Motive)« (Schütz/Luckmann 2003, S. 471 ff.).

Markant für die »Subjektkonstituierung« sind zwei entscheidende Wendepunkte, die Nina im Gespräch beschreibt: Sie meldete sich als Kind beim Jugendamt, weil sie nicht mehr bei ihrem Vater leben möchte, und bittet um Unterstützung. Nina entwirft sich in diesem Kontext als eine Person, die aus dem Zustand des passiven Erleidens von Gewalt und Vernachlässigung herausgetreten und selbst aktiv geworden ist, in dem sie das Jugendamt kontaktiert und um Hilfe bittet. Allerdings hat ihre Autonomie Grenzen, da sie sich den Entscheidungen des Jugendamtes fügen muss. In dem Gespräch beschreibt sie ein zweites Ereignis, bei dem sie sich noch stärker als zuvor als aktives Subjekt konstituiert, das ihr Leben selbst zu führen versucht. Sie entscheidet sich, die Wohngruppe, in der sie schlechte Erfahrungen gemacht hat, zu verlassen und auf der Straße zu leben.

Ob sie seinerzeit tatsächlich selbstständig gehandelt hat, wie sie im Gespräch deutlich macht, lässt sich nicht überprüfen. Dennoch können wir von einem Bildungsprozess sprechen, und zwar insofern, als Nina sich im Gespräch als eine Person beschreibt, die wichtige Entscheidungen in ihrem Leben gefällt und sich im Hinblick auf ihre Lebensbezüge verändert hat. Sie konstruiert sich als Nina, die auf eine Biografie zurückblickt, die sie mehr oder weniger selbst gestaltet hat. Die Bildungsleistung besteht darin, dass sie ihre Lebensgeschichte als eine kausale Kette von Ereignissen formulieren kann, die – für andere nachvollziehbar – zu dem geführt hat, wo sie sich jetzt befindet. Nina kann sich und anderen verständlich machen, warum sie in der Gegenwart so und nicht anders handelt und welche Wünsche, Ängste und Zweifel sie im Hinblick auf ihre Zukunft hat. Auch hat sie sich im Vergleich zu früher verändert. Aktuell steht Nina an einem neuen Wendepunkt in ihrem Leben: Sie stellt ihr nomadisches Lebenskonzept, das mit der Auffassung eines »ungebundenen Selbst« einhergeht, infrage. Nina hat seit geraumer Zeit einen »festen Freund«, mit dem sie gemeinsam Zukunftspläne auslotet. Neu für sie ist das Aushandeln eines *gemeinsamen* Lebenskonzeptes in mehr oder weniger häuslichen Verhältnissen. Aus dem ungebundenen Selbst, das situativ Beziehungen eingeht und diese nach opportunistischen Gesichtspunkten wieder aufgibt, ist ein *zwischenmenschliches Selbst* geworden, das wechselseitig verlässliche Beziehungen eingehen will. Darüber hinaus setzt Nina sich mit Ausbildungsplänen auseinander, was die Einbindung in Institutionen (wie die Berufsschule) zur Folge hat. Sie entwirft sich dabei im Hinblick auf eine mögliche Zukunft als ein *institutionelles Selbst.* Im Zentrum steht dabei eine Veränderung im Hinblick auf ein Lebensentwurf, der auch die soziale Anerkennung anderer findet. Die Begriffe »zwischenmenschliches Selbst« und »institutionelles Selbst« stammen von dem Entwicklungspsychologen Robert Kegan (Kegan 1991; vgl. ausführlich hierzu Uhlendorff 2010, S. 41).

Anhand von Nina lässt sich zeigen, dass Bildungsprozesse empirisch als Veränderung von Lebenskonzepten beschrieben werden können. Mit Blick auf das Fallbeispiel 2.1 lässt sich folgern, dass Bildungsprozesse von Kindern, Jugendlichen und Erwachsenen sich weniger durch Beobachtung oder objektive Daten erschließen lassen, sondern mithilfe von Gesprächen. Bildungsprozesse spielen sich in der Lebenswelt ab.

Definition 2.1

Unter »Lebenswelt« versteht man die (inneren) Gewissheiten, über die ein Individuum Kraft seiner Deutungen verfügt – im Hinblick auf sich selbst, auf andere Menschen oder der Welt im Allgemeinen – und die es mit anderen zu teilen versucht. Die Lebenswelt eines Individuums bildet sich insbesondere durch die Interaktion mit anderen Menschen aus. Sie ist somit eine soziale Konstruktion der Wirklichkeit. Lebenswelt ist die subjektive Wirklichkeit, in der ein Mensch lebt und agiert.

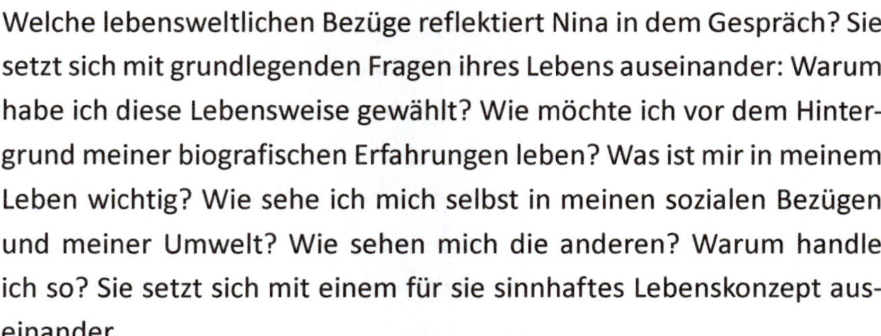

Welche lebensweltlichen Bezüge reflektiert Nina in dem Gespräch? Sie setzt sich mit grundlegenden Fragen ihres Lebens auseinander: Warum habe ich diese Lebensweise gewählt? Wie möchte ich vor dem Hintergrund meiner biografischen Erfahrungen leben? Was ist mir in meinem Leben wichtig? Wie sehe ich mich selbst in meinen sozialen Bezügen und meiner Umwelt? Wie sehen mich die anderen? Warum handle ich so? Sie setzt sich mit einem für sie sinnhaftes Lebenskonzept auseinander.

Wir können festhalten: Gegenstand von Bildungsprozesse sind somit Lebenskonzepte.

Definition 2.2
Unter einem »Lebenskonzept« sind die Entwürfe zu verstehen, die eine Person von sich, ihrer sozialen und dinglichen Umwelt sowie ihrer eigenen Lebensgeschichte entwickelt hat und die es ihr ermöglichen, ihr Leben zu führen. Sie sind geprägt von normativen Werten, Glaubenssätzen, sozialen und ästhetisch-stilistischen Haltungen, die das betreffende Individuum im Sinne einer Lebensorientierung für sich geltend macht.

Der Bildungsprozess, der sich aus den Gesprächspassagen von Nina erschließen lässt, umfasst nicht nur die Konstruktion eines Lebenskonzeptes, sondern auch den Versuch, ihr gegenwärtiges Leben anders zu denken: Sie spielt in einer Zukunftsvision die Vorstellung eines gemeinsamen Lebens mit ihrem Freund durch und richtet in ihrer Fantasie sogar die Wohnung ein, im Sinne einer Zukunft auf Versuch.

Definition 2.3
Unter »Bildung« werden Reflexionsprozesse verstanden, die zur Konstruktion und Veränderung von Lebenskonzepten im Hinblick auf ein gelungenes und sozial akzeptables Leben hinführen. Bildung setzt die Selbst-Konstituierung als handelndes Subjekt voraus.

Mit der hier formulierten Definition wird kein allgemeingültiger Begriff von Bildung in Anspruch genommen. Ich schlage ein Verständnis von Bildung vor, das sich pragmatisch auf die Konzeption Sozialpädagogischer Fallarbeit mit Kindern, Jugendlichen und jungen Erwachsenen anwenden lässt, insbesondere in den Hilfen zur Erziehung, in Mutter-Vater-Kind-Einrichtung oder im Rahmen von Straßensozialarbeit und der offenen Kinder- und Jugendarbeit. Von diesem Bildungsbegriff lässt sich ein Konzept Sozialpädagogischer Fallarbeit ableiten, das ich »Lebenskonzeptberatung« nenne. Professionelles Handeln zielt darauf ab, Kinder und Jugendliche bei der Bildung von tragfähigen Lebenskonzepten zu unterstützen, indem Sozialpädagog*innen oder Erzieher*innen zum Beispiel durch Fragen Jugendliche zur Selbstreflexion anregen, aber auch zuhören und beraten. Dabei handelt es sich um eine Vorgehensweise, die von sozialpädagogischen Fachkräften in der Praxis häufig angewendet wird, ohne die Bezeichnung »Lebenskonzeptberatung« selbst zu verwenden.

Mit der hier entwickelten Definition und dem Fallbeispiel von Nina wird der Unterschied von Bildung von Lernen deutlich. Bei Lernprozessen geht es weniger um die Reflexion und Entwicklung von Lebenskonzepten, sondern um den Erwerb und die Weiterentwicklung von Kompetenzen. Lernen bezieht sich im Unterschied von Bildung auf den Erwerb von Wissen und Fertigkeiten, die im Alltag (in der Familie, in der KiTa oder der Schule, in der Freizeit in den Peer-Kontexten) angewendet werden. Lernen umfasst aber auch die Aneignung von Kompetenzen im Hinblick auf das Sozialverhalten und selbstständige Lebensführung. Nina hat zum Beispiel gelernt, selbstständig Entscheidungen zu fällen. Sie hat sich soziale Kompetenzen angeeignet, um eine Beziehung mit ihrem Freund zu führen, wie zum Beispiel das Abstimmen von Zukunftsplänen. Darüber hinaus hat sie viele praktische Kompetenzen erworben, um auf der Straße zu überleben; dies umfasst Wissen – zum Beispiel über soziale Anlaufstellen und deren Hilfeangebote – und Fertigkeiten – zum Beispiel Tricks, wie man sich gratis Essen beschafft.

Definition 2.4

Lernen bezeichnet in dem hier beschriebenen Kontext den Erwerb und die Weiterentwicklung von Kompetenzen. Es lassen sich vier Kompetenzdimensionen unterscheiden: Wissen, Fertigkeiten, soziales Verhalten und Selbstständigkeit.

2.2 Sozialpädagogische Fallarbeit als Lebenskonzeptberatung

Das »Beratungskonzept«, das ich im Folgenden vorstellen möchte, lehnt sich an Wilhelm Schmids Philosophie der Lebenskunst an. Es zielt darauf ab, Jugendliche und junge Erwachsene bei der Entwicklung einer verantwortlichen Sorge um sich selbst zu unterstützen. Die reflektierte Lebenskunst, so Schmid, »setzt an bei der Sorge des Selbst um sich, die zunächst ängstlicher Natur sein kann, unter philosophischer Anleitung jedoch zu einer klugen, vorausschauenden Sorge wird, die das Selbst nicht nur auf sich, sondern ebenso auf Andere und die Gesellschaft bezieht« (Schmid 1998, S. 51).

Die Sorge um sich selbst ist nicht nur Thema in Beratungskontexten, sondern auch ein zentraler Bestandteil von Lebenskonzepten. Das Modell der Lebenskonzeptberatung, von dem hier die Rede ist, setzt bei der Selbstsorge an und folgt der Idee, dass Jugendliche existenzielle Lebensthemen oder Glaubenssätze haben, die ihnen als Orientierung dienen. Ziel ist es, die Lebensthemen bzw. Glaubenssätze durch Gespräche und Inhaltsanalysen (im Sinne einer Sozialpädagogischen Diagnose) zu erschließen und für die Fallarbeit nutzbar zu machen (Uhlendorff 2010). Methodisch lehnt sich das Konzept an die systemische Interaktionsberatung und Therapie (SIT) (Euteneuer et al. 2020) und an die Methode des sozialpädagogisch begleitenden Gesprächs (Mücher/Uhlendorff 2015; Uhlendorff 2022) an. Es besteht aus drei methodischen Schritten:

- das fragend-begleitende Gespräch
- die Analyse des Lebenskonzeptes
- das fragend-erörternde Gespräch

Das fragend-begleitende Gespräch

Unter Beratung in der Sozialen Arbeit assoziieren wir in erster Linie Kontexte, die folgende Merkmale aufweisen: Ein Raum mit einem Tisch und einigen wenigen Stühlen sowie Materialien, die für die Beratung nützlich sein könnten, wie zum Beispiel Puppen und andere Spielfiguren. Kinder, Jugendliche und junge Erwachsene lassen sich oft auf solche räumlich begrenzten und konfrontativen Situationen (Berater*in – Klient*in) nicht ein. In der offenen Jugendarbeit, der Straßensozialarbeit oder in einer Wohngruppe sind andere »Beratungszugänge« gefragt. Das fragend-begleitende Gespräch ist eine einfache

Methode, um Lebenskonzeptberatung zu praktizieren. Im Unterschied zu anderen Settings der Sozialen Arbeit, wie dem Beratungsgespräch in einem Beratungszimmer, hat es keine festgelegten Zeit-Raum-Koordinaten, sondern es ergibt sich aus einer Gelegenheitsstruktur heraus, zum Beispiel im Café eines Jugendzentrums, beim Kochen in einer Wohngruppe, auf der Straße oder während der Autofahrt zum anstehenden Arztbesuch. Für das fragend-begleitende Gespräch gibt es keinen standardisierten Interviewleitfaden. Es gibt aber einige wenige Regeln (vgl. hierzu und im Folgenden Mücher/Uhlendorff 2015).

R

- Die sozialpädagogische Fachkraft stellt Fragen, sie kommentiert und bewertet die Antworten ihres Gegenübers nicht. Sie hört aufmerksam zu.
- Sozialpädagogische Profis drängen sich den Jugendlichen im fragend-begleitenden Gespräch nicht mit Verhaltenserwartungen auf.
- Die Jugendlichen sollen nur über das sprechen, worüber sie auch tatsächlich sprechen möchten.

Das Gespräch wird nicht auf Tonträger aufgenommen, die Fachkraft erstellt lediglich ein Gedächtnisprotokoll. Die Fragen beziehen sich auf Themen, die der*die Jugendliche selbst anbietet: Das können zum Beispiel die aktuelle Befindlichkeit sein, Erlebnisse des Tages oder der unmittelbaren Vergangenheit sowie Erfahrungen mit Institutionen (Behörden, Polizei, Jugendamt). Auch biografische Erfahrungen, Familie, Freunde oder Zukunftswünsche können Gegenstand des Gesprächs sein.

Analyse des Lebenskonzeptes

Ziel der Analyse der protokollierten Gesprächspassagen ist die Herausarbeitung der Entwürfe, die ein*e Jugendliche*r von sich, ihren*seinen Beziehungen sowie ihren*seinen Lebenskontexten und -erfahrungen sprachlich zum Ausdruck bringt, und zwar im Hinblick auf die biografische Vergangenheit, die Kontextualisierung in den gegenwärtigen Lebenszusammenhängen und die gewünschte Lebensweise in der

Zukunft. Zentral sind dabei die von den Jugendlichen formulierten Glaubenssätze, mit denen sie ihre Lebenseinstellung begründen und die zu Ankerpunkten ihres Lebenskonzeptes geworden sind. Der Sockel dafür können einschneidende biografische Erfahrungen sein, wie sich anhand des Fallbeispiels Nina sehr gut zeigen lässt.

Fallbeispiel 2.1 (Fortsetzung)
Ninas Glaubenssätze:

- Ich bin von meinen Eltern und deren Partner enttäuscht und verletzt worden. Das Heim und das Jugendamt haben mich hintergangen. Ich kann mein Leben auch ohne Unterstützung von Jugendhilfeeinrichtungen und Erwachsenen führen. Irgendwann ist jeder mal allein und muss nur noch mit sich selber klarkommen.
- Institutionen wie Heime und Jugendamt helfen mir nicht wirklich, sie mischen sich in mein Leben ein und fällen Entscheidungen über meinen Kopf hinweg. Ich mache deshalb mein eigenes Ding.

»Im Hinblick auf meine Zukunft wird sich nicht viel verändern, weil ich dieses normale Leben nicht haben will. Ich hab' jetzt viereinhalb Jahre auf der Straße gewohnt und wenn ich jetzt direkt in eine komplett eingerichtete Wohnung komme, dann habe ich das Gefühl, ich muss bleiben. Wenn mir irgendwas auf der Straße nicht passt, pack ich meine Sachen und geh. Ich bin auf Niemanden und auf Nichts angewiesen und ich kann einfach gehen. Das ist in einer Wohnung halt nicht so« (Mücher/Uhlendorff 2015).

Definition 2.5
Ein »Glaubenssatz« ist in Anlehnung an Schütz und Luckmann (2003) ein individuelles, subjektives Deutungsmuster, das von Individuen als verdichtetes Schema der Erfahrung bei der Konstruktion der biografischen Wirklichkeit, der Interpretation der gegenwärtigen Lebensbezüge und dem Entwurf möglicher Lebensperspektiven in der Zukunft

herangezogen wird. Glaubenssätze bilden den Deutungshorizont, vor dem die Erlebnisse ausgelotet werden, und das Relevanzsystem, mithilfe dessen Handlungsmotive in Vergangenheit und Zukunft begründet werden.

Bei der Analyse des Lebenskonzeptes vermeidet die sozialpädagogische Fachkraft generalisierende oder festschreibende Fachtermini. Sie versucht, das Lebenskonzept und die in ihm enthaltenen Glaubenssätze in der Sprache der Jugendlichen zu formulieren. Ein weiterer Aspekt der Lebenskonzeptanalyse sind die Differenzerfahrungen der Jugendlichen. Oft dringen in den Erlebenshorizont von Kindern, Jugendlichen und jungen Erwachsenen Erfahrungen ein, die nicht in ihr Weltbild passen und reflexiv verarbeitet werden.

Definition 2.6

»Differenzerfahrungen« sind die subjektiven Erfahrungen, die sich zu den Glaubenssätzen oder lebensweltlichen Gewissheiten sperrig verhalten und nur schwer in das Lebenskonzept integrierbar sind. Sie bilden oft zentrale Konfliktthemen, mit denen sich ein Individuum auseinandersetzt.

Ninas Glaubenssatz, dass institutionelle Helfersysteme ihr nicht wirklich helfen können und über ihren Kopf hinwegentscheiden, wird durch die Begegnungen mit der Straßensozialarbeiterin (Andrea) infrage gestellt.

> »[W]eil ich gesehen hab, dass es was bringt, und ich anfangs gedacht habe, die sagen hmm ›entweder du machst das oder du machst das oder das war's‹. Das ist halt nicht das, was ich mir vorgestellt hätte. Ich war halt der Meinung so, Streetworker, das erste was die versuchen ist, dich von der Straße zu kriegen, in irgendeine Einrichtung oder wie auch immer«.

Differenzerfahrungen sind gleichsam der Motor von Bildungsprozessen, weil sie zur Reflexion der Glaubenssätze anregen, was unter Umständen dazu führt, dass sie verworfen werden und zur Veränderung des Lebenskonzeptes führen. Letztere sind bei Jugendlichen im Fluss: Glaubenssätze werden aufgrund neuer Erfahrungen modifiziert und verworfen und durch andere ersetzt. Dieser Gedanke ist nicht neu, er wurde von Marotzki (1990) in seiner Bildungstheorie ähnlich formuliert.

In dem Interview gibt es Andeutungen, dass auch der Glaubenssatz »Irgendwann ist jeder mal allein und muss nur noch mit sich selber klar kommen« nicht mehr apodiktisch von ihr aufrechterhalten wird: Nina, so lässt sich vermuten, hat aufgrund der Beziehung zur Sozialarbeiterin Andrea erfahren, dass sie im Hinblick auf die Verbesserung ihrer Grundsicherung Unterstützung erwarten kann und dass es hilfreich ist, bei der Bewältigung von Ämtergängen nicht allein zu sein. Auch lebt sie in einer Partnerschaft und macht mit ihrem Freund Pläne für eine gemeinsame Zukunft. Ihr Lebenskonzept (Leben auf der Straße, keine institutionellen Verpflichtungen eingehen, auf Niemanden und Nichts angewiesen sein, Misstrauen gegenüber Jugendhilfe- und anderen Helfersystemen) scheint sich im Prozess der Transformation zu befinden: Sie nimmt die Perspektive einer gemeinsamen Wohnung mit ihrem Freund in den Blick, die aber noch in weite Ferne gerückt wird.

Ist die Analyse des Lebenskonzeptes mehr oder weniger abgeschlossen, folgt das fragend-erörternde Gespräch, das darauf abzielt, die*den Jugendliche*n bei dem Bildungsprozess im Sinne einer Reflexion der Weiterentwicklung ihres*seines Lebenskonzeptes zu unterstützen.

Übung 2.1

Überlegen Sie, ob es auch in Ihrem Leben Veränderungen in Ihrem Lebenskonzept gegeben hat. Halten Sie eine biografische Rückschau und nehmen Sie sich dabei zwei Altersabschnitte vor: die frühe Jugendphase und Adoleszenz.

Lebenskonzeptberatung als fragend-erörterndes Gespräch

Die Beratung zielt nicht darauf ab, »Anweisungen« zum richtigen Leben zu geben, sondern bei den Jugendlichen durch fragend-erörternde Gespräche eine reflexive Grundhaltung zu stärken, bei der zunächst die Sorge um sich selbst im Zentrum steht. Sorge um sich meint insbesondere:

- die Sorge um den eigenen Körper (Ernährung, Gesundheit, Kleidung, Hygiene, Schlaf),
- die Sorge um das psychische Wohlergehen (Umgang mit Ängsten, Traumata und Verletzungen sowie mit seelischen Stimmungen),
- die Sorge um und Pflege zwischenmenschlicher Beziehungen (Wem kann ich vertrauen? Wer kann mir helfen? Was kann ich tun, um Beziehungen aufrechtzuerhalten oder zu intensivieren? Wer aus dem weiten Bekanntenkreis könnte mich unterstützen? Wer braucht andererseits Unterstützung von mir?),
- die Sorge um das eigene Lebensglück in einer möglichen Zukunft.

Die Beratung setzt zunächst an den basalen Grundbedürfnissen der Jugendlichen an. In den Gesprächen wird erörtert, welche Unterstützung der*die Jugendliche bei der Sorge um das eigene körperliche und psychische Wohlergehen braucht und wie dies ermöglicht werden kann.

Hinweis

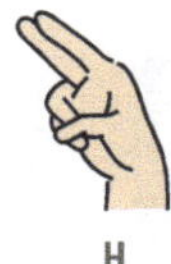

Für das Vertrauen der Jugendlichen ist eine sorgende, aber professionell »distanzierte« Grundhaltung des*der Sozialpädagoge*in erforderlich, die durch Empathie, Zuspruch und Respekt gegenüber dem Lebenskonzept und den Glaubenssätzen der Jugendlichen geprägt ist. »Distanziert« meint hier, dass die Fachkraft sich den Jugendlichen nicht mit Ratschlägen hinsichtlich einer besseren Selbstsorge aufdrängt, sondern sie vielmehr dabei unterstützt, für sich selbst Verantwortung zu übernehmen und selbstständig Lösungen zu entwickeln.

In den fragend-erörternden Gesprächen können aber auch existenzielle Fragen des Lebenskonzeptes besprochen werden. Die Glaubenssätze und das Lebenskonzept werden dabei in Form einer fragenden Grundhaltung erörtert: Das heißt die sozialpädagogische Fachkraft stellt der*dem Jugendlichen die Glaubenssätze vor, von denen sie vermutet, dass sie Referenzpunkte des Lebenskonzeptes sind, und stellt die Frage: »Habe ich dich richtig verstanden? Sind die Glaubenssätze noch aktuell für dich?« Gleichzeitig spricht sie die Differenzerfahrungen an, mit der Absicht an die positiven Erfahrungen der*des Jugendlichen zu erinnern und Veränderungsprozesse bewusst zu machen.

Gegenstand des fragend-erörternden Gesprächs können aber auch Zukunftsszenarien sein. Im Falle Ninas könnte beispielsweise der Besuch einer Bauwagensiedlung (eventuell gemeinsam mit ihrem Freund) Ausgangspunkt eines solchen Szenarios sein. Gegenstand des Gesprächs können die folgenden Fragen und Anregungen sein:

- Wie könntest du dein Leben in einem Bauwagen in einer Bauwagensiedlung gestalten?
- Wäre dies eine mögliche Alternative zu dem Leben auf der Straße oder in einer festen Wohnung?
- Du hättest deine eigenen vier Wände, es gäbe nur wenige Verbindlichkeiten, die du eingehen müsstest, gleichzeitig gibt es in der Siedlung Möglichkeiten, neue wechselseitig unterstützende Beziehungen einzugehen?
- Bietet der Bauwagen vielleicht die Möglichkeit, dein nomadisches Lebenskonzept, wenn auch in anderer Form, weiterzuführen?
- Du könntest den Bauwagen jederzeit in eine andere Siedlung in einer anderen Stadt oder in einem anderen Land verlegen.

Ein wesentliches Ziel des fragend-erörternden Gesprächs besteht darin, Jugendliche dabei zu unterstützen, ihre Differenzerfahrungen zuzulassen, ihnen aber auch gleichzeitig neue Perspektiven vor Augen zu führen und alternative Sichtweisen zu vermitteln. Die Gespräche können so zu einer Weiterentwicklung oder Veränderung des Lebenskonzeptes beitragen.

2.3 Zusammenfassung

Eine wesentliche Aufgabe von Sozialpädagogischer Fallarbeit ist die Begleitung von Jugendlichen bei ihren Bildungsprozessen. Ein zentraler Anknüpfungspunkt ist dabei die Auseinandersetzung mit dem eigenen Lebenskonzept. Der Begriff »Bildung« ist wesentlich umfassender als der Terminus »Lernen«. Unter letzterem versteht man in erster Linie die Aneignung von Kompetenzen, während es bei Bildungsprozessen im Wesentlichen darum geht, sich ein Bild von sich selbst, seiner Umwelt sowie seinem Leben zu machen und dieses zu erweitern. Im Zentrum steht die Frage einer möglichen Zukunft, allerdings unter Berücksichtigung der Erfahrungen, die der*die Jugendliche in ihrer*seiner biografischen Vergangenheit und Gegenwart gemacht hat. In der Reflexion sind somit drei biografische Zeitebenen miteinander verschränkt: Vergangenheit, Gegenwart und Zukunft.

Bei der Begleitung von Bildungsprozessen wenden sozialpädagogische Fachkräfte unter anderem drei Methoden an: (1) Mittels des *fragend-begleitenden Gesprächs* versuchen sie Bekanntschaft mit den Lebensentwürfen, Wünschen, Ängsten und Zweifeln der Jugendlichen zu machen. Auf der Basis der Gespräche erfolgt (2) eine *Lebenskonzeptanalyse* mit dem Ziel, den Lebensentwurf mit den zentralen Glaubenssätzen des*der betreffenden Jugendlichen zu eruieren. Schließlich versucht die Fachkraft (3) diese mit dem*der betreffenden Jugendliche*in zu *erörtern.*

Das fragend-erörternde Gespräch kann dazu beitragen, dass der*die Jugendliche seine*ihre Glaubenssätze infrage stellt und neue Perspektiven entwickelt, die zu einer Veränderung des Lebenskonzeptes führen können. Sozialpädagog*innen ermuntern im Gespräch die*den Jugendliche*n dazu, andere bzw. neue Sichtweise zuzulassen oder zu entwickeln, Gedankenexperimente durchzuführen und sich auf etwas Neues einzulassen. In diesem Sinne kann man Bildung auch als Horizonterweiterung verstehen.

Aufgaben zur Selbstüberprüfung

Aufgabe 2.1
Schreiben Sie eine kurze Abhandlung (ca. 1 Seite) zum Thema »Bildungsprozesse begleiten«. Gehen sie dabei auf die folgenden Fragen ein:

- Wodurch zeichnen sich Bildungsprozesse von Jugendlichen aus?
- Wie können Sozialpädagog*innen Jugendliche dabei begleiten?

Verwenden Sie dabei folgende Begriffe: Lebenskonzept, Glaubenssätze, Sorge, Differenzerfahrung, fragend-begleitendes Gespräch, Analyse des Lebenskonzeptes, fragend-erörterndes Gespräch.

Aufgabe 2.2
Die erfolgreiche Begleitung und Unterstützung von Bildungsprozessen von Jugendlichen durch sozialpädagogische Fachkräfte setzt eine professionelle Haltung voraus. Nennen Sie die wichtigsten Aspekte der professionellen Haltung, die hier angebracht ist.

3 »Sascha muss lernen, seine Wünsche und Erwartungen mitzuteilen, seine Eltern stehen vor der Aufgabe Regeln mit ihm auszuhandeln«: Erziehungsprozesse unterstützen

Wenn Sie dieses Kapitel bearbeitet haben, kennen Sie den gesetzlichen Erziehungsauftrag der Kinder- und Jugendhilfe. Sie haben sich ein Wissen über grundlegende Aspekte von Familienerziehung angeeignet und sind in der Lage, das Entwicklungsaufgabenkonzept in der Sozialpädagogischen Fallarbeit anzuwenden.

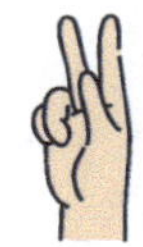

K

3.1 Worin besteht der gesetzliche Erziehungsauftrag der Kinder- und Jugendhilfe und was heißt Familienerziehung?

Im letzten Kapitel sind wir auf den Bildungsauftrag der Kinder- und Jugendhilfe eingegangen. Neben diesem hat sie auch einen Erziehungsauftrag, der ebenfalls im Kinder- und Jugendhilfegesetz verankert ist, nämlich gleich zu Beginn in § 1 (Achtes Buch Sozialgesetzbuch/ SGB VIII). Er wird vom Recht des Kindes auf Erziehung abgeleitet.

§ 1 SGB VIII Recht auf Erziehung, Elternverantwortung, Jugendhilfe

(1) Jeder junge Mensch hat ein Recht auf Förderung seiner Entwicklung und auf Erziehung zu einer selbstbestimmten, eigenverantwortlichen und gemeinschaftsfähigen Persönlichkeit.

(2) Pflege und Erziehung der Kinder sind das natürliche Recht der Eltern und die zuvörderst ihnen obliegende Pflicht. Über ihre Betätigung wacht die staatliche Gemeinschaft.

(3) Jugendhilfe soll zur Verwirklichung des Rechts nach Absatz 1 insbesondere

1. junge Menschen in ihrer individuellen und sozialen Entwicklung fördern und dazu beitragen, Benachteiligungen zu vermeiden oder abzubauen,
2. jungen Menschen ermöglichen oder erleichtern, entsprechend ihrem Alter und ihrer individuellen Fähigkeiten in allen sie betreffenden Lebensbereichen selbstbestimmt zu interagieren und damit gleichberechtigt am Leben in der Gesellschaft teilhaben zu können,
3. Eltern und andere Erziehungsberechtigte bei der Erziehung beraten und unterstützen,
4. Kinder und Jugendliche vor Gefahren für ihr Wohl schützen,
5. dazu beitragen, positive Lebensbedingungen für junge Menschen und ihre Familien sowie eine kinder- und familienfreundliche Umwelt zu erhalten oder zu schaffen.

H

Hinweis

Liest man den Gesetzestext genauer, so fällt auf, dass der Gesetzgeber zwischen Förderung der Entwicklung von Kindern einerseits und Erziehung sowie Pflege andererseits unterscheidet. Während ersteres ähnlich wie Bildung als eine öffentliche Aufgabe definiert wird, ist Erziehung in erster Linie eine »private« Angelegenheit, die den Eltern obliegt. Das heißt, die Jugendhilfe soll Angebote zur Förderung von Kindern und Jugendlichen bereitstellen, während Erziehung und Pflege (gemeint ist damit in erster Linie die körperliche Versorgung der Kinder) zuvörderst von den Eltern ausgeübt werden soll. Das klingt zunächst verwunderlich, wenn man bedenkt, dass ca. 90 Prozent der Kinder zwischen drei und sechs Jahren in Tageseinrichtungen oder in einer Kindertagespflege betreut werden. Folgt man dem Gesetz, so haben die Erzieher*innen in KiTas kein direktes Erziehungsmandat, sie sollen lediglich die Erziehung und Bildung in der Familie unterstützen und ergänzen (vgl. § 22 SGB VIII). Ob das in der Praxis tatsächlich so ist, darüber lässt sich trefflich streiten.

Die Erziehung durch die rechtlichen Eltern kann durch stationäre Jugendhilfemaßnahmen – darunter fallen gemäß § 34 SGB VIII Heimerziehung und sonstige betreute Wohnformen – ergänzt oder ersetzt werden, wenn diese zum Beispiel durch ihr Verhalten das Kindeswohl gefährden. Aber auch dann ist die Jugendhilfe dazu verpflichtet, das Kind wenn möglich zurückzuführen oder in einer anderen Familie unterzubringen. Auch für die Heimerziehung gilt das Prinzip des Vorrangs der Familienerziehung.

»Hilfe zur Erziehung in einer Einrichtung über Tag und Nacht (Heimerziehung) oder in einer sonstigen betreuten Wohnform soll Kinder und Jugendliche durch eine Verbindung von Alltagserleben mit pädagogischen und therapeutischen Angeboten in ihrer Entwicklung fördern. Sie soll entsprechend dem Alter und Entwicklungsstand des Kindes oder des Jugendlichen sowie den Möglichkeiten der Verbesserung der Erziehungsbedingungen in der Herkunftsfamilie

1. eine Rückkehr in die Familie zu erreichen versuchen oder
2. die Erziehung in einer anderen Familie vorbereiten oder
3. eine auf längere Zeit angelegte Lebensform bieten und auf ein selbstständiges Leben vorbereiten.

Jugendliche sollen in Fragen der Ausbildung und Beschäftigung sowie der allgemeinen Lebensführung beraten und unterstützt werden« (§ 34 SGB VIII).

Somit richtet sich der Erziehungsauftrag der Jugendhilfe in erster Linie auf die Unterstützung und Ergänzung der Erziehung in der Familie. Der Gesetzgeber folgt damit einer Logik, die Erziehung in erster Linie als Familienerziehung definiert. Dies spiegelt sich, neben der Betreuung in Kindertagesstätten und der Heimerziehung, auch in den anderen Leistungen und Angeboten der Jugendhilfe wider, die im SGB VIII vorgesehen sind. Somit befindet sich sozialpädagogisches Handeln im Spannungsverhältnis zwischen dem gesellschaftlichen Verständnis von

Erziehung als »private Angelegenheit« der rechtmäßigen Eltern und einem öffentlichen Erziehungsauftrag, der in erster Linie in der Unterstützung von Familienerziehung gesehen wird. Im Folgenden soll näher erläutert werden, was Familienerziehung heißt. Dies gelingt am besten mithilfe eines Beispiels (Fallbeispiel 3.1).

Fallbeispiel 3.1

Sascha ist 10 Jahre alt. Er hat zwei Schwestern, Lucie (4 Jahre) und Tracy (20). Seine Eltern haben sich getrennt, als er vier Jahre alt war. Er lebt seitdem überwiegend bei seiner Mutter, Frau Witt. Beide Elternteile teilen sich das Sorgerecht. Sascha und Tracy stammen aus der ersten Partnerschaft von Frau Witt, Lucie aus der zweiten Beziehung von Frau Witt. Zu seinem Vater, der mit seiner Partnerin zusammenlebt, hat Sascha regelmäßig Kontakt. Alle zwei Wochenenden übernachtet er dort. Sascha hat einen engen Kontakt zu seiner Großmutter mütterlicherseits, wo er ebenfalls gelegentlich übernachtet. Auch mit seiner Schwester und ihrem Partner versteht er sich gut. Manchmal verbringt er mit ihnen das Wochenende in ihrer Wohnung. Seine Mutter hat sich vor einem halben Jahr von dem Vater von Lucie getrennt. Die Trennung hatte bei ihr Depressionen ausgelöst.

Sascha lebt seit drei Wochen in einer Wohngruppe einer Jugendhilfeeinrichtung. Er wird stationär betreut, weil seine Mutter (Frau Witt) laut ihren Aussagen mit ihm überfordert sei. Sie befindet sich zurzeit in einer ambulanten therapeutischen Behandlung. Sie habe in der Erziehung ihrer Meinung nach versagt, da sie sich gegenüber Sascha nicht durchsetzen könne. Es sei häufig zur heftigem Streit mit Sascha gekommen, da er oft bis spät in der Nacht mit seinem Smartphone gespielt habe und morgens nicht aus dem Bett kam. Frau Witt habe mehrmals versucht, ihrem Sohn das Mobiltelefon abzunehmen, daraufhin habe Sascha mit »Tobsuchtsanfällen« reagiert. Sascha sage in solchen Situationen, dass er am liebsten bei seinem Vater leben möchte. Gleichzeitig behaupte er, dass er bei seinem Vater mehr Freiheiten habe und sein Handy so oft benutzen könne, wie er wolle.

Herr Breuer, Saschas Vater, ist der Meinung, dass Frau Witt ihren gemeinsamen Sohn Sascha inkonsequent erziehe, mal ließe sie alles durchgehen, dann, wenn es ihr zu viel werde, würde sie mit »harten Bandagen arbeiten«. Er würde sich mit Frau Witt darüber oft streiten. In den letzten Wochen vor der Heimunterbringung hatte Sascha hohe Fehlzeiten in der Schule, zudem sei er unkonzentriert im Unterricht. Herr Trenck, der Klassenlehrer, hat daraufhin mehre Gespräche mit Sascha und Frau Witt geführt. Er ist der Meinung, dass Frau Witt sich im Hinblick auf die Erziehung von Sascha Unterstützung suchen solle. Frau Witt hat sich darauf an das örtliche Jugendamt gewendet. Der ASD-Mitarbeiter Herr Möller übernahm die Zuständigkeit. Herr Möller hat mehrere Gespräche mit Frau Witt und Herrn Breuer geführt. Frau Witt wünscht sich, dass Sascha nach ihrer therapeutischen Behandlung, wieder bei ihr und Lucie lebt. Herr Breuer ist im Hinblick auf ein gemeinsames Leben mit Sascha unsicher, da er Konflikte mit seiner Partnerin befürchtet. Grundsätzlich sei er aber bereit, Sascha aufzunehmen.

Es wurde in einem ersten Hilfeplangespräch vereinbart, dass Sascha vorerst in einer Wohngruppe untergebracht wird, damit Frau Witt vorübergehend entlastet ist. Im Rahmen der stationären Unterbringung sollen die Sozialpädagog*innen vor Ort gemeinsam mit Sascha, seinen Eltern und dem Jugendamt (in Person von Herrn Möller) klären, wie die weitere Betreuung von Sascha aussehen könnte, ob ein Bedarf im Sinne § 27 SGB VIII besteht und welche sozialpädagogische Unterstützung erforderlich ist, um den erzieherischen Bedarf abzudecken.

An dem Fallbeispiel lässt sich sehr gut verdeutlichen, durch welche Aspekte Familienerziehung gekennzeichnet ist:

- An der Erziehung sind nicht nur die Eltern beteiligt. Sie sind zwar so wie hier als Sorgeberechtigte für die Erziehung verantwortlich, allerdings können weitere Personen an der Erziehung teilhaben: Sascha ist oft bei seiner Oma oder bei seiner Schwester und deren Partner, vermutlich haben auch sie einen erzieherischen Einfluss auf Sascha. Potenziell erziehen können somit nicht nur die ältere Generation (Eltern, Großeltern), sondern auch Geschwister (vielleicht sogar Nachbarn). Untersuchungen zeigen, dass die aktive Beteiligung von Großeltern an der Erziehung seit der zweiten Hälfte des letzten Jahrhunderts stark zugenommen hat (Ecarius 2002), dies gilt auch für Geschwister (Gerarts 2015).

- Das Fallbeispiel macht deutlich, dass Familienerziehung keine autonome Angelegenheit ist: Öffentliche Institutionen greifen, wie die Erziehungswissenschaftler Mollenhauer, Brumlik und Wudke (1975) schon in den 1970er Jahre gezeigt haben, in die Familienerziehung ein, was erhebliche Folgen nach sich ziehen kann, wie das Beispiel von Sascha zeigt: Der Lehrer empfiehlt Frau Witt, sich Unterstützung in der Erziehung zu holen und unterstellt damit indirekt, dass sie mit der Erziehung von Sascha überfordert sei. Sascha und dessen Mutter werden nun zu einem Fall für die Jugendhilfe.
- Das, was Familienerziehung auszeichnet, ist die Vermittlung von bestimmten Werten und Normen: Die Mutter erwartet von Sascha, dass er abends zu einem vereinbarten Zeitpunkt das Licht löscht und schläft und nicht mit dem Handy spielt, damit er morgens ausgeschlafen zur Schule gehen kann. Eltern, Großeltern und Geschwister konfrontieren Kinder mit Werten und Normen, die in ihrer Familiengeschichte oder in ihrer sozialen Schicht eine Rolle spielen, wie zum Beispiel klassische Arbeitstugenden (Fleiß, Ausdauer, Pünktlichkeit, Ehrlichkeit) in der unteren Mittelschicht oder den nachhaltigen Umgang mit Konsumgütern, Rücksicht auf die Umwelt und recycling-freundliche Mülltrennung in der neuen Mittelschicht. Erziehende vermitteln aber auch Normen, die ihnen mehr oder weniger von gesellschaftlichen Institutionen auferlegt werden: Die Schule muss kontrollieren, dass Sascha regelmäßig den Unterricht besucht und seine Schulpflicht erfüllt, wofür letztendlich die Eltern verantwortlich sind.
- Erziehende verfügen über Erziehungskonzepte, die nicht nur die zu vermittelnden Normen und Werte beinhalten, sondern auch

die Art und Weise, wie diese vermittelt werden: dies umfasst bestimmte Ansichten über Belohnen und Strafen, über Autonomie und Grenzen-Setzen, Nähe und Distanz sowie Erziehungspraktiken (Euteneuer/Uhlendorff 2020, S. 43 ff.). Erziehungskonzepte lassen sich oft nicht eins zu eins in die Praxis umsetzen. Im Hinblick auf deren Performanz im Familienalltag unterscheidet man unterschiedliche Erziehungsstile (z. B. autoritäre, autoritative, verwöhnende, permissive und vernachlässigende Erziehungsstile). Welchen Erziehungsstil Frau Witt tatsächlich im Alltag verwirklicht, ließe sich nur anhand von Beobachtungen nachweisen. Aus der Sicht von Saschas Vater erzieht Frau Witt ambivalent. Er möchte, dass Frau Witt ihren Erziehungsstil ändert. Er spricht damit einen Grundtatbestand von Erziehung an: Erziehungskonzepte und Erziehungsstile verändern sich. Das wird auch in der Familienforschung bestätigt. Jutta Ecarius zeigt in ihren Familienstudien, dass sich das Erziehungsverhalten der Eltern über mehrere Generationen hinweg verändert hat: vom »Befehlshaushalt« zum »Verhandlungshaushalt« und schließlich zu einem »Beratungshaushalt« (Ecarius 2002; Ecarius et al. 2017). Weiterhin hat sich gezeigt, dass unterschiedliche Erziehungsstile von den Wert- und Normvorstellungen der jeweiligen sozialen Milieus geprägt sind (Müller/Krinninger 2016).

- Schließlich ist Erziehung durch Machtbalancen gekennzeichnet. Die Mutter erwartet von Sascha, dass er ihren Vorgaben (um 21 Uhr das Licht ausmachen, das Mobiltelefon ausstellen, morgens pünktlich zur Schule gehen etc.) und damit ihrer elterlichen Autorität folgt. Als Strafe nimmt sie ihm das Mobiltelefon ab. Allerdings widersetzt sich Sascha den Erwartungen der Mutter. Er möchte so lange sein Handy benutzen, wie er möchte. Dies muss nicht heißen, dass er die Autorität seiner Mutter grundsätzlich infrage stellt, er hat nur andere Vorstellungen von Autonomie, die seine Mutter so nicht teilt. Er setzt seine Mutter gewissermaßen mit seinem aggressiven Handlungen unter Druck und auch mit dem offen geäußerten Wunsch, bei seinem Vater zu leben, der ihm scheinbar mehr Freiräume zugesteht. Der Vater wiederum befindet sich in einer Machtposition, da er den Wunsch seines Sohnes ablehnen kann. Das Fallbeispiel zeigt, dass die Machtverhältnisse in der Erziehung in gewisser Weise instabil sind und zu einem zentralen Konfliktthema werden können. Der Anteil von Familien mit ungelösten Erziehungskonflikten ist in den Hilfen zur Erziehung relativ hoch. Die Frage nach der »richtigen Erziehung« und die Suche nach Handlungsorientierungen und Handlungsmöglichkeiten in der Funktion als erziehende Eltern bildet eine zentrale Hilfethematik in den ambulanten und stationären Hilfen (vgl. Cinkl/Uhlendorff 2021, S. 69 ff.)

- Wie das Fallbeispiel zeigt, ergeben sich familiale Erziehungskonflikte auf unterschiedlichen Ebenen: Zwischen Eltern und Kindern, aber auch zwischen den Eltern selbst, zum Beispiel wenn es um divergierende Erziehungskonzepte geht.

Nachdem in diesem Abschnitt geklärt wurde, wie der Erziehungsauftrag der Kinder- und Jugendhilfe lautet und was Familienerziehung umfasst, stellt sich nun die Frage, wie und wodurch sozialpädagogische Fachkräfte Familienerziehung unterstützen können. Dies soll im nächsten Kapitel behandelt werden.

3.2 Sozialpädagogische Fallarbeit als Unterstützung von Kindern, Jugendlichen und deren Eltern bei der Bewältigung von Entwicklungsaufgaben

Kommen wir wieder auf das Fallbeispiel von Sascha zurück. Ein erster Ansatzpunkt der Unterstützung der Familienerziehung könnte darin bestehen, durch gezielte Beratung die Eltern, vielleicht auch unter Einbeziehung der Großmutter und der Schwester, dabei zu unterstützen, ein gemeinsames Erziehungskonzept auszuhandeln oder die bestehenden Erziehungskonzepte daraufhin so zu modifizieren, dass sie sich ergänzen. Im zweiten Schritt könnte man gemeinsam mit Sascha und seinen Eltern verhandeln, wie ein für ihn befriedigender Umgang mit seinem Smartphone aussehen könnte, welche Regeln akzeptabel sind und wie er es schaffen könnte, regelmäßig zur Schule zu gehen. Diese Handlungsperspektive liegt zunächst auf der Hand. Allerdings besteht die Gefahr, dass sich die Sozialpädagogische Fallarbeit auf den Umgang mit dem Smartphone sowie auf das morgendliche Aufstehen konzentriert und der damit einhergehenden Frage nach effektiven erzieherischen Interventionen. Damit würden die Fachkräfte und die Familie den grundlegenden Herausforderungen in der Erziehung von Sascha sicherlich nicht gerecht werden. Die Frage müsste eigentlich lauten: Was ist das im Familiengeschehen tieferliegende Erziehungsthema und warum kann es nicht befriedigend gelöst werden? Meine These lautet, dass Erziehungskonflikte unter anderem daher rühren, dass Kinder bzw. Jugendliche und deren Eltern mit der Bewältigung von Entwicklungsaufgaben überfordert sind.

Was sind Entwicklungsaufgaben? Entwicklungsprozesse von Kindern und Jugendlichen vollziehen sich aufgrund der Bewältigung von Aufgaben, die sich im Lebenslauf stellen bzw. vor die Kinder und Jugendlichen von ihren Eltern oder anderen Personen ihrer Umwelt gestellt werden. Diese These stammt von dem Erziehungswissenschaftler Robert Havighurst, dem Begründer des Entwicklungsaufgabenkonzeptes.

Definition 3.1

»Unter Entwicklungsaufgaben versteht man seit Havighurst [...] die Aufgaben, die sich im Lebenslauf eines Menschen in einem gegebenen gesellschaftlichen Kontext zwingend stellen. Diese Konzeption ist in ihrer Anwendung auf die Jugendphase erziehungswissenschaftlich aus mehreren Gründen besonders fruchtbar. Sie hebt darauf ab, dass Jugendliche selbst Aufgaben lösen müssen. Sie berücksichtigt dabei innere Reifungsprozesse und die Phase der Entwicklung, das heißt eine biologisch begründete und gesellschaftlich überformte Aufeinanderfolge. Sie berücksichtigt gleichzeitig, dass gesellschaftliche und erzieherische Arrangements und Verhaltensweisen die jeweilige Aufgabenlösung behindern oder befördern können. Und sie hat zuletzt einen deutlichen Zukunftsbezug« (Oswald 1994, S. 391).

Havighurst ging davon aus, dass es neben individuellen oder gruppenspezifischen auch allgemeine, kulturübergreifende Entwicklungsaufgaben gibt, von deren Bewältigung eine gelungene Sozialisation abhängt. In pädagogischen Kontexten kann von (allgemeinen) Entwicklungsaufgaben gesprochen werden, wenn drei Faktoren zusammentreffen (Oswald 1994, S. 390 ff.):

- das Bemühen signifikanter Anderer (z. B. von Eltern, älteren Geschwistern und Lehrer*innen, Freund*innen), bestimmte gesellschaftliche Anforderungen bzw. gewisse soziale Fertigkeiten Kindern und Jugendlichen als normative Entwicklungserwartungen zu vermitteln,
- das Bemühen der Kinder und Jugendlichen, die Erwartungen als subjektiv bedeutsam aufzugreifen und die die damit verbundenen Kompetenzen selbst zu erlangen,
- eine »sensible Periode«, während der, aufgrund des körperlichen und seelisch-geistigen Entwicklungsstands, die Voraussetzungen gegeben sind, die Entwicklungserwartungen zu erfüllen.

Die Bewältigung von Entwicklungsaufgaben ist in erzieherische Arrangements eingebunden. Unter einem erzieherischen Arrangement ist eine soziale Umgebung zu verstehen, die zwei Funktionen erfüllt: Sie unterstützt und bestätigt die bisher erworbenen Kompetenzen der Kinder bzw. Jugendlichen (z. B. durch Lob, Anerkennung und Belohnung). Zum anderen stellt sie Kinder und Jugendliche vor neue Aufgaben, die den Erwerb weiterer Kompetenzen ermöglicht.

Übung 3.1

Rufen Sie sich das Fallbeispiel 2.1 (Nina) vor Augen. Vor welchen Entwicklungsaufgaben steht Nina? Versuchen Sie zwei Entwicklungsaufgaben in wenigen Sätzen zu benennen.

Das Entwicklungsaufgabenkonzept lässt sich auch auf die Eltern übertragen, denn auch sie setzen sich mit Entwicklungsaufgaben auseinander. So werden zum Beispiel Paare beim Übergang in die Elternschaft mit der Entwicklungsaufgabe konfrontiert, Fürsorgemuster und Elternrollen zu entwickeln. Unterstützung finden sie dabei auch durch Angebote der Kinder- und Jugendhilfe, zum Beispiel in Eltern-Kind-Kursen, die von Familienbildungseinrichtungen angeboten werden.

In der Sozialpädagogischen Fallarbeit haben wir es oft mit Familien zu tun, in denen die Balance von Kompetenzen-Bestätigen und Neue-Aufgaben-Stellen nicht befriedigend gelingt. Das heißt sowohl Kinder als auch Eltern sind mit der Bewältigung von Entwicklungsaufgaben überfordert.

Definition 3.2

»Erziehungsprozesse« im Rahmen der Sozialpädagogischen Fallarbeit zu unterstützen heißt, Eltern und Kindern bzw. Jugendlichen dabei zu helfen, Entwicklungsaufgaben zu bewältigen.

Der erste Schritt der Sozialpädagogischen Fallarbeit besteht in der Diagnose der Entwicklungsaufgaben und der Analyse, welche Faktoren deren Bewältigung behindert und welche diese befördern können. Dafür bieten sich unterschiedliche Methoden an. Zwei Ansätze haben Sie im ersten Kapitel kennengelernt: das fragend-begleitende und das fragend-erörternde Gespräch. Sie fanden auch bei Sascha und dessen Eltern Anwendung.

Fallbeispiel 3.1 (Fortsetzung)

Der Sozialpädagoge Herr Möller, der gleichzeitig innerhalb der Wohngruppe der Bezugserzieher von Sascha ist, hat den Auftrag bekommen, ein »Clearingverfahren« zur weiteren Betreuung von Sascha durchzuführen. Im ersten Schritt führt er im Alltag mehrere fragend-begleitende Gespräche durch und dokumentiert diese in Form eines Gesprächsprotokolls.

»7. März: Ich habe heute Nachmittag mit Sascha sein Zimmer aufgeräumt, dabei habe ich ihn gefragt, wie ein normaler Alltag bei ihm in der Familie verläuft. Er berichtete mir, dass er allein aufstehen muss, aber manchmal verschlafen würde, da er den Wecker überhört. Zum Frühstücken hat er wenig Zeit, seine Mutter würde sich meist um seine Schwester kümmern, meist könnte er noch ein Nutellabrot essen. Dann geht es mit dem Schulbus zur Schule. Die Schule macht ihm Spaß, nur die Hausaufgaben nicht. Er besucht den offenen Ganztag. Seine Mutter würde ihn ständig damit nerven, ob er seine Hausaufgaben gemacht hat. Am Abend würde er gemeinsam mit seiner Mutter und seiner Schwester essen, danach fernsehen und dann würde er auf seinem Zimmer mit seinem Handy spielen. Seine Mutter würde ihn dann wieder nerven, weil er das Handy um 20 Uhr ausmachen soll. Er sagt, er hat das Handy von seiner Oma geschenkt bekommen, es gehört ihm und er könnte damit machen, was er will. Er berichtet mir, dass er sich langweilen würde und dass seine Mutter nie Zeit für ihn hat. Auf Nachfrage warum, sagt er: ›Die kümmert sich meist um meine Schwester‹. Ich frage ihn, was denn anders sein könnte: Er erwidert darauf, dass er gern mit seiner Mutter mal ins Kino gehen würde, aber das geht nicht wegen seiner kleinen Schwester, die sie nicht mitnehmen könnten«.

»9. März: Heute Abend habe ich gemeinsam mit Sascha für die Gruppe gekocht. Es hat ihm viel Spaß gemacht. Ich frage ihn nach den Wochenenden beim Vater. Auch die seien langweilig, sein Vater sei oft von der Arbeit sehr müde und würde den ganzen Tag fernsehen. Sascha verbringt dann viel Zeit mit der Spielkonsole seines Vaters oder mit seinem Handy. Bei seinem Vater gefällt ihm, dass er mehr spielen kann als bei seiner Mutter und dass ihm sein Vater das Handy nicht abnimmt. Sein Vater habe ihm mehrmals versprochen, mit ihm ins Fußballstadion zu gehen. Aber das würde nie klappen«.

»11. März: Ich habe mit Sascha wie versprochen sein Fahrrad repariert und wir haben eine kleine Tour gemacht. Ich frage ihn, wo er am liebsten Leben möchte: Bei seiner Mutter, seiner Schwester, beim Vater oder in der Wohngruppe. Er sagt: ›Natürlich bei meiner Mama und meiner kleinen Schwester‹. Er möchte so schnell wie möglich nach Hause«.

»13. März: Sascha hatte heute mit mir Küchendienst, wir haben nach dem Essen gemeinsam aufgeräumt. Ich frage ihn, was er tun müsse, um wieder zurück zu seiner Mutter zu kommen. Er antwortet, dass er sich mehr an die Regeln halten müsste, abends um 22 Uhr Licht aus und morgens pünktlich aufstehen. Er möchte, dass seine Mutter ihn morgens weckt, damit er den Wecker nicht verschläft«.

Herr Möller stellt im Rahmen der kollegialen Fallberatung sein Gesprächsprotokoll vor. Das Team kommt zu der gemeinsamen Einschätzung, dass Sascha enttäuscht ist, dass beide Elternteile sich zu wenig um ihn kümmern und kaum auf seine Bedürfnisse eingehen. Dies scheint das eigentliche Problem zu sein, allerdings werden die Konflikte, zumindest von seiner Mutter über die Einschränkung der »Handyzeiten« ausgetragen. Gleichzeitig dienen die unterschiedlichen Regelungen in Bezug auf das Handy dazu, dass die Eltern sich streiten und über diesen den Kontakt aufrechterhalten. Das Handy fördert zwar die Kommunikation in der Familie, aber im negativen Sinn. Sascha steht vor der Aufgabe, seinen Eltern gegenüber seine Wünsche mitzuteilen. Die Eltern stehen vor der Aufgabe, seine Wünsche wahrzunehmen und gemeinsam mit ihm »Handyzeiten« auszuhandeln und Regeln festzulegen. Die Mutter überfordert Sascha, wenn er morgens allein aufstehen soll.

Herr Möller führt kurz danach mit Sascha ein fragend-erörterndes Gespräch durch.

»17. März: Ich habe ihn gefragt, ob ich ihn richtig verstanden habe, dass seine Eltern wenig Zeit für ihn haben und er sich wünscht, dass sie mit ihm etwas gemeinsam unternehmen. Sascha hat dies bejaht. Er sagt, dass er deshalb manchmal wütend ist. Ich frage ihn, ob er dies seiner Mutter oder seinem Vater schon mal so mitgeteilt hätte, auch, dass seine Mutter ihn morgens wecken soll. Er weiß darauf keine Antwort und auch nicht, wie er das machen soll. Ich schlage ihm vor, seinen Eltern einen Brief zu schreiben. Sascha lehnt dies ab; schließlich kommt er auf die Idee, mithilfe seines Smartphones zwei Podcasts zu erstellen, einen für seinen Vater und einen für seine Mutter. Ich finde die Idee ausgezeichnet. Ich habe ihn gefragt, ob ich ihm dabei helfen kann. Sascha findet das eine gute Idee, er will für seinen Podcast mit mir ein Interview über die Wohngruppe machen«.

Anhand der Gesprächsprotokolle und deren Analyse innerhalb der kollegialen Beratung lässt sich erschließen, dass Sascha vor zwei Entwicklungsaufgaben steht, die typisch für diese Altersphase sind. Der Entwicklungsforscher Robert L. Selman geht davon aus, dass Kinder ungefähr im Alter zwischen sieben und elf Jahren lernen, ihre Interessen und Wünsche sozial zu vermitteln, zum Beispiel durch das Medium der Sprache (Selman 1984; vgl. auch Uhlendorff 2010, S. 78 ff.). Während dieser Entwicklungsphase geht es um die Überwindung von physischen Verhandlungsstrategien (z. B. Drohgebärden gegenüber der Mutter, Zerstören von Gegenständen) zugunsten sozial verträglicher Interaktionsformen. Zum anderen stehen Kinder während dieser Altersphase vor der Aufgabe, soziale Regeln für das gemeinsame Zusammenleben als sinnvoll zu sehen und diese einzuhalten. Im Hinblick auf die moralische Entwicklung findet hier ein wichtiger Übergang statt: Im Bewusstsein setzt sich ein neues Verständnis von sozialen Regeln durch: Sie gilt es einzuhalten, weil man weiß, dass sie für das Zusammenleben und die eigene Entwicklung wichtig sind und nicht, weil man Angst vor Bestrafung hat. Dies setzt voraus, dass Regeln sozial vermittelt bzw. als sinnvoll begründet werden, zum Beispiel durch die Eltern. Dadurch entwickelt sich die Auffassung, dass Regeln nicht einseitig an Autoritäten gebunden sind und von ihnen willkürlich aufgestellt werden, sondern ausgehandelt werden können.

Wie bereits erläutert, setzt die Bewältigung von Entwicklungsaufgaben ein unterstützendes und förderndes soziales Umfeld voraus. In Bezug auf die beiden Entwicklungsaufgaben lässt sich dazu Folgendes sagen: Ein Verständnis der sozialen Dimension von Regeln (Regeln sind wichtig für das Zusammenleben und sind verhandelbar) wird dadurch gefördert, dass Eltern und andere wichtige Personen (wie z. B. Lehr*innen) die Interessen und Bedürfnisse der Kinder respektieren und ihnen gleichzeitig Verhandlungsspielräume im Hinblick auf das Aufstellen von Regeln ermöglichen. Diese fördernden Bedingungen scheinen bei Sascha sowohl im Haushalt des Vaters als auch in dem der Mutter nicht gegeben zu sein. Beide Elternteile unterstützen ihn nicht dabei, seine Wünsche und Interessen zu vermitteln (z. B. indem sie ihn danach fragen). Sie scheinen absorbiert zu sein von Alltagsproblemen und von emotionalen Belastungen. Sowohl die Mutter als auch der Vater stehen vor der Entwicklungsaufgabe, die Wünsche, die Sascha an sie richtet, sowie seine Interessen wahr- und ernst zu nehmen und mit ihm Regeln auszuhandeln. Aus dieser Analyse ergeben sich zentrale Anknüpfungspunkte für die Sozialpädagogische Fallarbeit, wie die Fortsetzung des Beispiels zeigt.

Fallbeispiel 3.1 (Fortsetzung)

Herrn Möller ist es gelungen, beide Elternteile von Sascha zu einem Gespräch einzuladen. Es fand im Besprechungszimmer der Wohngruppe statt. Ziel des Gesprächs sollte es sein, gemeinsam eine Betreuungsperspektive zu klären. Die Ergebnisse des Gesprächs hat Herr Möller in einem Gesprächsprotoll festgehalten.

> »28. März: Gespräch mit Frau Witt und Herrn Breuer: Ich habe das Gespräch mit der Frage eröffnet, ob sie die Tonaufnahme von Sascha abgehört haben und wie es ihnen dabei ergangen ist. Beide Eltern gaben zu verstehen, dass der Podcast sie sehr berührt hätte. Frau Witt versucht im Gespräch ihre Tränen zu unterdrücken. Sie gibt zu verstehen, dass es ihr jetzt erst klargeworden ist, dass sie zu wenig auf Saschas Bedürfnisse eingegangen ist. Sie sagt, dass sie glücklich ist, dass Sascha wieder zu ihr zurückkommen möchte. Herr Breuer sagt, dass er ein ganz schlechtes Gewissen hat, weil er Sascha versprochen hat, mit ihm ins Stadion zu gehen und dies nicht gemacht hat. Er will das ändern. Herr Breuer wünscht, dass Sascha wieder zu seiner Mutter kommt, da Sascha das so

will. Als Vater will er sich nun häufiger um Sascha kümmern und Frau Witt dadurch auch entlasten. Ich schlage vor, dass wir ein gemeinsames Gespräch mit Sascha führen. Dabei sollen sie gemeinsam ein Zielplakat erstellen, was Vater, Mutter und Sascha in Zukunft tun möchten, um die familiäre Situation zu verbessern. Wir verabreden einen neuen Termin. Beide Elternteile sollen sich bis dahin überlegen, was sie auf das Zielplakat schreiben möchten«.

Herr Möller hat Sascha von dem Gespräch berichtet und ihm mitgeteilt, dass seine Mutter und sein Vater seinen Wunsch, möglichst schnell nach Hause zu kommen, unterstützen möchten. Sascha war darüber sehr glücklich. Auch er wollte sich etwas für das Zielplakat überlegen. Das Gespräch mit Sascha und seinen Eltern fand eine Woche später statt. Auch dieses wurde von Herrn Möller protokolliert.

»5. April: Herr Breuer, Frau Witt und Sascha haben sich an dem Gespräch sehr intensiv beteiligt. Die Ausgangsfrage für die Eltern lautete: ›Was will ich tun, damit Sascha zu Hause einen neuen Start bekommt?‹ Für Sascha lautete die Frage: ›Was will ich tun, dass es zu Hause besser läuft als vorher?‹ Alle drei machten sehr konkrete Vorschläge für das Zielplakat:

- Ich werde mit Sascha so bald wie möglich ins Stadion gehen. Jedes zweite Wochenende und einmal die Woche abends werde ich mit ihm etwas gemeinsam unternehmen (Vater).
- Ich werde mit Sascha regelmäßig ins Kino gehen, Lucie kann dann von ihrem Vater oder von der Oma betreut werden (Mutter).
- Ich werde Sascha morgens wecken und mit ihm gemeinsam frühstücken (Mutter).
- Wir werden beide ein Gespräch mit dem Klassenlehrer und Sascha führen und klären, wie es in der Schule besser laufen kann (Vater und Mutter).
- Wir werden uns regelmäßig über Sascha und seine Erziehung austauschen (Vater und Mutter).

- Ich wünsche mir für die ersten Wochen, wenn Sascha zu mir kommt, eine Unterstützung von der Jugendhilfe (Mutter).
- Ich werde nach 20:30 Uhr nicht mehr mit meinem Handy spielen und morgens pünktlich aufstehen. Ich werde jeden Tag meine Hausaufgaben alleine machen (Sascha)«.

Drei Wochen später kam es zum Hilfeplangespräch. Die Inhalte des Zielplakates wurden in den Hilfeplan aufgenommen. Es wurde vereinbart, dass mit dem Abschluss der Therapie von Frau Witt eine Rückführung Saschas in den Haushalt der Mutter stattfinden wird. Ein Betreuungshelfer mit einem Stundenumfang von fünf Stunden pro Woche wird dann die Familie, insbesondere Sascha, begleiten.

Die Rückführung in die Familie fand nach drei Monaten Wohngruppenbetreuung statt. Sie war sehr erfolgreich. Bei der Fortschreibung des Hilfeplans (nach sechs Monaten) konnte von allen bestätigt werden, dass die Ziele, die sich die Eltern und Sascha gestellt hatten, mit Unterstützung des Betreuungshelfers im Wesentlichen erreicht werden konnten. Der Vater unternahm regelmäßig etwas mit Sascha. Das Versprechen des Kinobesuchs konnte von der Mutter allerdings nicht realisiert werden, stattdessen spielt sie regelmäßig abends Kartenspiele mit Sascha, während seine kleine Schwester schläft. Beide entwickelten für das Kartenspiel eine große Leidenschaft, was vielleicht mit dazu beigetragen hat, dass Sascha weniger Gebrauch von seinem Smartphone macht. Die Mutter hatte mit ihm vereinbart, dass er bis 21 Uhr mit dem Handy spielen darf. Die Leistungen in der Schule wurden besser. Die Fachleistungsstunden des Betreuungshelfers wurde auf zwei Stunden pro Woche reduziert und nach weiteren drei Monaten konnte die Hilfe einvernehmlich beendet werden.

Das Fallbeispiel zeigt, dass die Fachkräfte in der Sozialpädagogischen Fallarbeit selbst nicht direkt in der Funktion als Erziehende agieren. Das heißt sie nehmen den Eltern ihre Erziehungsverantwortung nicht ab, sondern versuchen vielmehr die Eltern zu aktivieren, selbst die Erziehung in die Hand zu nehmen bzw. zu verbessern. Dabei halten sie sich mit Tipps und Verhaltensvorschlägen zurück. Familienerziehung ist nur dann erfolgreich, wenn Eltern selbst die Bedingungen schaffen, dass die anstehenden Entwicklungsaufgaben gelöst werden können. Sozialpädagogische Fachkräfte können das unterstützen, indem sie durch Methoden, wie zum Beispiel durch das fragend-erörternde Gespräch oder mittels Zielplakaten, den Eltern ermöglichen, ihr Erziehungsverhalten zu reflektieren. Aber dennoch treten sie im Hinblick auf die Erziehung aktiv auf, und zwar indirekt als »geheime Erzieher«. Was den Eltern zunächst nicht gelingt, kann durch Herrn Möller realisiert werden. Er konstituiert einen pädagogischen Ort, wo Sascha an seiner Entwicklungsaufgabe arbeiten kann: Mithilfe von fragend-begleitenden und fragend-erörternden Gesprächen unterstützt er ihn dabei, sein Familienleben zu reflektieren und seine an die Eltern gerichteten Wünsche und Bedürfnisse zu formulieren und diese ihnen über den Podcast zu vermitteln. Auch im Hinblick auf die Eltern wirken sozialpädagogische Fachkräfte als »geheime Erzieher«: Mithilfe des Zielplakates werden die Eltern damit konfrontiert, ihr Erziehungsverhalten zu reflektieren und ihre Elternrolle besser auszufüllen; sie lernen, die Perspektive ihres Kindes zu übernehmen, dessen Wünsche zu berücksichtigen und Regeln bzw. den Alltag gemeinsam auszuhandeln.

Eine Voraussetzung für eine erfolgreiche Sozialpädagogische Fallarbeit besteht darin, Eltern und Kinder zu aktivieren, die anstehenden Entwicklungsaufgaben zu lösen. Dies erfordert neben Methodenkenntnis auch ein fachliches Wissen. Im Folgenden gebe ich Ihnen einen Überblick über einige Entwicklungsaufgaben, die in der Sozialpädagogischen Fallarbeit unterstützt werden. Sie basieren auf einem von mir durchgeführten qualitativen Forschungsprojekt (Uhlendorff 2010). Theoretische Bezüge fanden sich dabei neben Robert Havighurst (1972) auch in den Forschungsarbeiten von Robert Selman (1984) und Robert Kegan (1991). Die in dem Überblick dargestellten Entwicklungsaufgaben erstrecken sich auf vier unterschiedliche Altersphasen. Allerdings sind die Altersangaben mit Vorsicht zu genießen. Sie deuten darauf hin, dass die genannten Entwicklungsaufgaben in der Regel in dieser Zeit in das Aufmerksamkeitsfeld des Kindes bzw. des*der Jugendlichen geraten bzw. von erzieherischen Arrangements angestoßen werden. Deren Bewältigung kann sich aber über eine größere Altersspanne erstrecken. Zudem können äußere Lebensumstände oder Krisen dazu beitragen, dass selbst Erwachsenen mit Entwicklungsaufgaben der Kindheit konfrontiert werden, wie zum Beispiel bei Provokationen auf physische Interaktionsstrategien zu verzichten, Affekte zu beherrschen und von Tobsuchtsanfällen abzusehen. In den Hilfen zur Erziehung haben es sozialpädagogische Fachkräfte gelegentlich mit Jugendlichen zu tun, die manche Entwicklungsaufgaben aus der Kindheit noch nicht bewältigt haben.

Die tabellarische Übersicht (Tabelle 3.1) kann bei der Sozialpädagogischen Diagnose nicht nur im Hinblick auf Entwicklungsaufgaben angewendet werden, deren Bewältigung gegenwärtig in der Familienerziehung Schwierigkeiten bereitet, sondern auch hinsichtlich der Frage, ob Kinder bzw. Jugendliche mit bestimmten Entwicklungserwartungen überfordert werden, da sie nicht ihrem Alter entsprechen. Die tabellarische Übersicht berücksichtigt nicht nur vier unterschiedliche Altersphasen, sondern auch, neben allgemeinen Aufgaben, fünf verschieden Entwicklungsdimensionen.

- Kinder und Jugendliche werden in ihren sozialen Umwelten, wie Familie, Schule oder Gleichaltrigengruppen, damit konfrontiert, sich selbst und andere zu reflektieren. Dabei entstehen *Selbst- und Personenentwürfe,* die im Laufe des Lebens weiter ausdifferenziert werden.
- Es gibt Entwicklungsaufgaben, die sehr körperbezogen sind, wie die Wahrnehmung des eigenen Körpers im Hinblick auf Stärken und Schwächen, die Sorge um dessen Wohlbefinden und die Auseinandersetzung mit dem körperlichen Erscheinungsbild sowie dessen Wirkung auf andere. Kinder und Jugendlichen entwickeln *Körperbilder,* die sie im Lebenslauf kontinuierlich weiterentwickeln.

Tab. 3.1: Übersicht von sozialpädagogisch relevanten Entwicklungsaufgaben im Kindes- und Jugendalter (Uhlendorff 2010, S. 124 ff.) – Fortsetzung nächste Seiten

Altersphase: ca. 7. bis 11. Lebensjahr	
Entwicklungs-dimension	**Kompetenzen und Konzepte, die im Normalfall während dieser Etappe gebildet werden**
Allgemeine Aufgaben	Entwicklung einer differenzierten sozialen Wahrnehmung: Unterscheidung von eigenem Standpunkt und den Standpunkten der anderen, Trennung von eigenen Interessen und denen der anderen; Affektkontrolle; Bedürfnisaufschubsmuster; situative Zusammenarbeit mit Gleichaltrigen
Selbst- und Personen-entwürfe	Differenzierung von physischen und psychischen Komponenten der Persönlichkeit, Unterscheidung von Motiv und physischer Handlung, von eigenen und fremden Interessen
Körperbilder	Körpersensibilität für sich und andere entwickeln, realistisches Körper-Selbst-Einschätzungsvermögen bilden; Erkennen von physischen Belastungsgrenzen, von Stärken und Schwächen; Planung von sensomotorischen Abläufen, Steigerung der körperlichen Fähigkeiten durch Körper-Selbst-Disziplin; körperliche Stärke und Durchsetzung in sozial verträglichen Tätigkeiten ausdrücken, Einbindung der impulsiven Körperkomponenten in Wettkampf und Spiel
Zeitschemata	Über situative Gegebenheiten hinaus planen, über längere Zeitperspektiven denken; Verständnis von Entwicklungszeit; Wahrnehmung der Zeitperspektiven von anderen; Entwicklung von Chronologien (hinsichtlich der eigenen Vergangenheit und möglicher Zukunft) und einer gegliederten Anschauung des eigenen Lebensverlaufs
Normative Orientierungen	Rivalität nach Regeln gegenseitiger Fairness austragen; gegenseitige Hilfe und Austausch von Interessen und materiellen Gütern; Vermeidung von körperlicher Gewalt als Mittel der Durchsetzung; Rücksicht auf andere; Hilfe und Fürsorge gegenüber Schwächeren; eigene Interessen auf sozial verträgliche Weise durchsetzen, Wahrnehmung von sozialen Regeln
Interaktions-strategien	Überwinden von physischen Strategien, Sprache als Mittel der Verhandlung akzeptieren: egozentrische Absichten sozial vermitteln/sich gegenseitig Interessen mitteilen und erfragen; kompetentere Vermittler einschalten und akzeptieren einer von außen gestifteten objektiven Sichtweise

Altersphase: ca. 12. bis 15. Lebensjahr	
Entwicklungs-dimension	**Kompetenzen und Konzepte, die im Normalfall während dieser Etappe gebildet werden**
Allgemeine Aufgaben	Freundschaftsanbahnung; Übernahme der Perspektive von signifikanten Anderen, zum Beispiel von Eltern, Lehrer*innen, Gleichaltrigen (Zweite-Person-Perspektive); Selbstreflexion; Abstimmen von gemeinsamen Plänen und Interessen mit anderen (Beginn), gegenseitiges Vertrauen in Beziehungen herstellen
Selbst- und Personen-entwürfe	Bildung eines zwischenmenschlichen Selbst: soziale Erwartungen und Einschätzungen der anderen berücksichtigen (Normalitätsentwurf), eigene Erwartungen geltend machen; Selbstkritik; Innensicht: Differenzierung von Gefühlen
Körperbilder	Zusammenspiel: Körperkooperation und -interaktionen nach verbindlichen Regeln, Einbindung der Körperäußerungen in konventionelle Formen der Zusammenarbeit; Sorge um die interaktive Verträglichkeit der Körperäußerungen, Ausgleich im Wechsel der Aktivitäten, Sorge um das körperlich-seelische Wohlbefinden, Vermeidung von Verletzungsrisiken
Zeitschemata	Sich in seinen Zeitplänen auf andere einstellen, egozentrische Pläne zugunsten konventioneller bzw. gemeinsamer zeitlicher Einteilungen zurücknehmen; gemeinsame Pläne machen (Beginn)
Normative Orientierung	Zurücknehmen der eigenen Interessen zugunsten befriedigender zwischenmenschlicher Lösungen; soziale Erwartungen der Anderen und zwischenmenschliche Absprachen berücksichtigen, soziale Verpflichtungen und Konventionen einhalten; gegenseitige Verlässlichkeit
Interaktions-strategien	Konventionen ins Spiel bringen (so machen es die anderen auch); Interessenlagen ausloten, Gemeinsamkeiten herstellen und Kompromisse finden (in Freundschaften); gegenseitiges Verständnis üben, nachgeben können; sich gegenseitige Erwartungen und Befindlichkeiten mitteilen

Altersphase: ca. 16. bis 18. Lebensjahr	
Entwicklungs-dimensionen	**Kompetenzen und Konzepte, die im Normalfall während dieser Etappe gebildet werden**
Allgemeine Aufgaben	Freundschaften konsolidieren, Abstimmen wechselseitiger sozialer Erwartungen und Entwicklung einer Dritten-Person-Perspektive (Beginn), Partnerschaftskonzepte gemeinsam abstimmen

Selbst- und Personenentwürfe	Autonomieansprüche geltend machen und mit sozialen Verbindlichkeiten in Einklang bringen, befriedigende Lebensentwürfen entwickeln; Verständnis und Distanz zu Erwartungen der Anderen aufbringen; Auffassung von »stabiler Persönlichkeit«; Berufsperspektive entwickeln, in der eigene Interessen berücksichtigt werden
Körperbilder	Sensibilität für psychosomatische Phänomene, Aufmerksamkeit für körperlich-seelische Stabilität, sich Entlastungssituationen schaffen (z. B. in Stresssituationen)
Zeitschemata	Wechselseitiges Abstimmen gemeinsamer Zeitperspektiven und Pläne in Freundschaften; gemeinsame Zukunft planen
Normative Orientierungen	Konventionen hinterfragen; demokratische Lösungen finden; Auseinandersetzung mit politischen und gesellschaftlichen Systemen, mit allgemeinen Vorstellungen über das Zusammenleben
Interaktionsstrategien	Sich gegenseitige Gefühle und soziale Erwartungen mitteilen; gemeinsame Reflexion der wechselseitigen Erwartungen und Standpunkte; eigenen und fremden Standpunkt infrage stellen; mit Argumenten überzeugen

Altersphase: ca. ab 18 Jahren	
Entwicklungsdimensionen	**Kompetenzen und Konzepte, die im Normalfall während dieser Etappe gebildet werden**
Allgemeine Aufgaben	Institutionelle, gesellschaftliche Perspektive entwickeln; Koordination verschiedener sozialer Standpunkte in einer Institution bzw. Gruppe
Selbst- und Personenentwürfe	Einbindung in institutionelle Zusammenhänge und Übernahme von verantwortlichen sozialen Rollen (z. B. Beruf); Relativierung und Anpassung der Lebenspläne an institutionelle und gesellschaftliche Möglichkeiten
Körperbilder	Körperlich-seelische Stabilität
Zeitschemata	Einbindung der Zukunftspläne und der individuellen Lebensgeschichte in allgemeine, überindividuelle zeitliche Kontexte (Geschichte der Familie und anderer Institutionen, Zeit der Geschichte allgemein)
Normative Orientierungen	Eigene Werte und Lebensprinzipien infrage stellen; Akzeptieren von Pluralität in Institutionen, Berücksichtigung der Rechte von Minderheiten und kultureller Verschiedenheit
Interaktionsstrategien	Mehrere Standpunkte innerhalb einer Gruppe/Institution nebeneinander stellen und koordinieren, autoritäre Strukturen und gemeinsame Standpunkte infrage stellen

- Moderne Gesellschaften erwarten bestimmte Kompetenzen, die sich dem Umgang mit *Zeit* zurechnen lassen, wie zum Beispiel das Planen von zeitlichen Abläufen, das Entwickeln von eigenen Zukunftsplänen oder das Synchronisieren von zeitlichen Abläufen mit anderen.
- Kinder und Jugendliche werden mit der Aneignung und Einhaltung von sozialen Normen und Werten konfrontiert, die für das Funktionieren des Zusammenlebens erforderlich sind: wie zum Beispiel Konflikte sprachlich zu lösen oder Kompromisse einzugehen, das Eigentum der anderen zu respektieren etc. Die Reflexion und Weiterentwicklung von *normativen Orientierungen* erstreckt sich über das ganze Leben.
- Normen und Werte können nur auf der Basis von entsprechend *Interaktionsstrategien* im Alltag umgesetzt werden. Auch im Hinblick auf diese Dimension ergeben sich eine Reihe von Entwicklungsaufgaben.

3.3 Zusammenfassung

Der gesetzliche Auftrag der Kinder- und Jugendhilfe besteht darin, Eltern, Kinder und Jugendliche bei Erziehungsprozessen zu unterstützen. Diese sind äußerst komplex, da neben den Eltern auch andere Personen beteiligt sind und diese sich im Hinblick auf Erziehungskonzepte einigen müssen. Familienerziehung ist kein autonomes Geschehen – Institutionen, wie Kindertageseinrichtungen oder Schulen, mischen sich im Hinblick auf Entwicklungserwartungen ein. Die Familie ist ein Ort, wo gesellschaftliche normative Erwartungen vermittelt und angeeignet werden. Daraus ergeben sich konkrete lebenslaufspezifische Entwicklungsaufgaben, die von Eltern, Kindern und Jugendlichen bearbeitet werden. Ein wesentlicher Anknüpfungspunkt der Sozialpädagogischen Fallarbeit besteht darin, Eltern, Kinder und Jugendliche bei der Bewältigung von Entwicklungsaufgaben, mit denen sie Schwierigkeiten haben, zu unterstützen.

Aufgabe zur Selbstüberprüfung

Aufgabe 3.1
Stellen Sie sich vor, Sie sind der*die Betreuungshelfer*in von Sascha. Jedes Jahr planen Sie mit Ihrem Team ein einwöchiges Sommercamp für Kinder und Jugendliche im Alter von 10 bis 14 Jahren, die im Rahmen der Hilfen zur Erziehung ambulant betreut werden. An dem Sommercamp werden neben Sascha noch acht weitere Kinder und Jugendliche teilnehmen. Das Sommercamp findet auf einem Abenteuerspielplatz auf einem Waldgrundstück statt, das neben Zelten, Kochen auf einer Feuerstelle noch andere Tätigkeiten bietet, wie Geschicklichkeitsspiele, Abseilen und Klettern sowie Ponyreiten. Überlegen Sie sich anhand der Tabelle 3.1, welche Entwicklungsaufgaben Sascha hier, vielleicht auch mit Ihrer Unterstützung, bewältigen könnte.

4 »Frau Klinge hat sich von ihrem Mann getrennt und steht vor der Aufgabe, Elternrollen auszuhandeln«: Familienübergänge begleiten

Mithilfe eines Fallbeispiels eignen Sie sich theoretische und praktische Grundlagen an, um Alleinerziehende bei der Reorganisation ihrer Familie zu unterstützen. Sie kennen typische Familienfigurationen und Orientierungsmuster von Alleinerziehenden und sind in der Lage, dieses Wissen bei der Diagnose im Rahmen der Sozialpädagogischen Fallarbeit anzuwenden. Darüber hinaus lernen Sie zwei Methoden kennen: das »Familienszenario« und die »Tierfamilie«. Letztere dient dazu, Kinder in der Fallarbeit besser einzubeziehen.

4.1 Familienübergänge als Veränderung von Familienfigurationen

In den vorherigen beiden Kapiteln haben wir uns mit zwei zentralen Handlungsfeldern Sozialpädagogischer Fallarbeit beschäftigt: Bildungsprozesse begleiten und Erziehungsprozesse unterstützen. Daneben gibt es noch ein drittes Handlungsfeld: die Begleitung von Familienübergängen. Was kann man unter Familienübergänge verstehen?

Zunächst gibt es solche, die lebenslaufbedingt sind und in gewisser Weise Reifungs- und Entwicklungsprozessen folgen, die teilweise auch institutionell gerahmt werden, wie zum Beispiel der Übergang von der Partnerschaft in die Elternschaft, die Eingewöhnung in eine Kindertageseinrichtung, der Übergang von KiTa in Schule oder der Einstieg in die Berufsausbildung und die Ablösung der Kinder vom Elternhaus. Familienübergänge zeichnen sich insbesondere dadurch aus, dass Elternrollen, aber auch die der Kinder sich verändern, dass der Familienalltag an die Zeitvorgaben von Institutionen (wie KiTa, Schule oder den Betrieb) angepasst werden muss, dass Aufgaben innerhalb der Familie neu verteilt oder neue Fürsorgemuster entwickelt werden müssen. Einige Angebote von Familienbildungsstätten, Mehrgenerationenhäuser und Familienzentren sind darauf spezialisiert, Eltern in familialen Übergängen zu unterstützen. Weit verbreitet sind sogenannte Eltern-Kind Kurse, die insbesondere den Übergang von der Partnerschaft in die Elternschaft begleiten, insbesondere dadurch, dass sie die Entwicklung von Elternrollen fördern.

Übung 4.1

Machen Sie eine kleine Internetrecherche: Geben Sie in einer der bekannten Suchmaschinen das Stichwort »Familienbildungsstätte« und Ihren Wohnort ein (oder geben Sie die nächstgelegene Stadt ein). Studieren Sie die Angebote: Welche beziehen sich auf Familienübergänge?

In der Sozialpädagogischen Fallarbeit, sei es in einer Familienberatungsstelle, in der Sozialpädagogische Familienhilfe oder Heimerziehung, stehen oft ganz andere Familienübergänge im Zentrum als die oben erwähnten. Trennung und Scheidung sind mittlerweile häufige Familienereignisse. Die Zahl der sogenannten »Alleinerziehenden« hat in den letzten Jahrzehnten deutlich zugenommen. Sie stehen vor der Aufgabe, nicht nur den Familienalltag, sondern auch die Elternrollen neu zu organisieren. Der damit einhergehende Beratungs- und Unterstützungsbedarf wird durch die unterschiedlichen sozialpädagogischen Einrichtungen abgedeckt. Ein Beispiel ist Frau Klinge, die wir im Rahmen einer Langzeitstudie interviewt und begleitet haben (Euteneuer/Uhlendorff 2019, S. 288 ff.; Fallbeispiel 4.1).

Fallbeispiel 4.1

Frau Klinge ist 36 Jahre alt und Mutter einer 16-jährigen Tochter, Maike. Die Eltern haben sich getrennt, allerdings ist die Scheidung noch nicht vollzogen. Beide haben mittlerweile einen neuen Partner bzw. eine neue Partnerin. Frau Klinge beschreibt sich als alleinerziehend. Allerdings werde sich das aus ihrer Sicht bald ändern: Der Freund von Frau Klinge, Marc, sei zwar noch nicht bei ihr eingezogen, jedoch sehr viel bei ihr und im Alltag präsent. Frau Klinge ist Chemielaborantin und arbeitet wöchentlich 30 Stunden in diesem Beruf. Maike geht in die 1. Klasse einer Grundschule. Frau Klinge ist mit ihrem Einkommen zufrieden, sie muss allerdings 30 Stunden arbeiten, um finanziell über die Runden zu kommen. Die Wohnung scheint für drei Leute zu klein zu sein, weswegen die Suche nach einer größeren Wohnung in Planung ist. Frau Klinges neuer Partner unterstützt sie im Alltag und auch in der Kinderziehung. Auch ihre Mutter und deren neuer Partner, Max, spielen eine wichtige Rolle im Alltag. Sie kümmern sich sehr häufig um Maike. Zu ihrem eigenen Vater hat Frau Klinge sehr wenig Kontakt. Den Partner ihrer Mutter, Max, bezeichnet sie als »richtigen Opa für Maike«. Maike ist alle zwei Wochen am Wochenende und an einem Tag in der Woche nach der Schule bei Herrn Klinge, ihrem Vater.

Der Kontakt zwischen den leiblichen Eltern ist sehr konflikthaft, da sie unterschiedliche Vorstellungen von Erziehung haben. Zudem sei der Vater aus Sicht von Frau Klinge unzuverlässig. Auch während ihrer Ehe habe er sich eher sporadisch um seine Tochter gekümmert und wenig mit ihr gespielt. Da er beruflich viel unterwegs gewesen sei, habe er nur wenig im Haushalt getan. Demgegenüber werde sie im Alltag »unheimlich viel« von ihrem neuen Partner unterstützt. So übernehme er abends zum Beispiel auch schon mal den Abwasch. Auch in der Kinderbetreuung unterstütze Marc Frau Klinge und hole Maike von der Schule ab.

Von ihrem neuen Partner erwartet Frau Klinge einerseits, dass er Maike miterzieht. Allerdings müsse sie an einigen Stellen noch lernen, dies zuzulassen.

»Jaa, das is so zwischendurch, muss ich mir auffe Lippe beißen, weil ich das ja einfach auch jahrelang alleine gemacht hab«.

So komme es immer wieder vor, dass sie sich nicht einig darin seien, was sie Maike erlauben und was nicht. Marc sei in vielen Dingen sehr streng, in anderen dann aber auch wieder lockerer als sie selbst. Frau Klinge lasse es jedoch zu, dass ihr neuer Partner Maike miterzieht und Maike akzeptiere den neuen Partner auch schon als »Ersatzpapa«. Frau Klinge meint, dass es notwendig sei, dass ihr neuer Partner mit in die Erziehung von Maike eingreifen müsse, um ernst genommen zu werden und nicht lediglich einen »Spaßfaktor« für Maike darzustellen.

Die Beziehung zwischen Maike und Marc beschreibt sie so, dass dieser sich stundenlang mit Maike beschäftige, mit ihr tobe, mit ihr Playmobil spiele und Aktivitäten für Wochenenden plane. Dennoch habe Maike ambivalente Gefühle ihm gegenüber. Einerseits sehe sie ihn als »Ersatzpapa« und andererseits gebe es Tage, an denen sie ihm gegenüber distanziert sei.

Herr Klinge unterstütze sie dadurch im Alltag, dass er Maike einmal in der Woche von der Schule abhole. Auch ihre Schwester und ihre Nichte seien wichtige Bezugspersonen für Maike. Gelegentlich verbringe sie ein Wochenende dort. Zu ihrem Ex-Partner habe Frau Klinge nur wenig Kontakt, er beschränke sich auf ein kurzes Gespräch bei der Übergabe von Maike. Am liebsten würde sie den Kontakt auf ein Minimum reduzieren. Frau Klinge will nach der Scheidung wieder ihren Mädchennamen annehmen und möchte gerne, dass auch Maike diesen Namen trägt.

Frau Klinge würde gerne nur noch halbtags arbeiten, sodass sie mehr Zeit mit Maike verbringen und sie von der Schule abholen könne. Ihr neuer Partner verdiene recht gut, und insofern sehe sie die Möglichkeit, dass er damit einverstanden sei, dass Frau Klinge weniger arbeite (und man gemeinsam wirtschafte). Sie überlegt und wägt gemeinsam mit ihrem Freund ab, welche Konstellation (Wohnsituation, Arbeit usw.) für alle am besten sei. Der neue Partner würde gerne mit Frau Klinge ein gemeinsames Kind haben, diesbezüglich sei Frau Klinge jedoch noch unsicher.

> »Zusammenziehen is' 'n Plan, vielleicht noch mal nen Haus is' 'n Plan. Marc möchte gerne auch noch mal nen eigenes Kind, da bin ich im Moment noch nicht so ganz. Mal ja, man nein«.

Dies müsse nach ihrer Meinung schnell erfolgen, da sie »keine 40 Jahre alte Mutti sein möchte«. Außerdem finde sie es für Maike nicht schön, wenn zwischen ihr und ihrem Geschwisterkind ein großer Altersabstand sei, so wie es früher bei Frau Klinge und ihrer Schwester gewesen sei. Falls sie noch ein Kind bekäme, möchte sie auf jeden Fall für zwei Jahre aus dem Beruf aussteigen. Dies habe sie sich schon bei Maike gewünscht, aber aus ökonomischen Gründen nicht realisieren können.

Frau Klinge hat sich entschlossen, einen Beratungstermin im nahegelegenen Mehrgenerationenhaus wahrzunehmen. Sie möchte sich im Hinblick auf die Scheidung und die Regelung des Sorgerechts informieren. Das erste Beratungsgespräch verläuft sehr intensiv, es zeigt sich, dass Frau Klinge einen Klärungsbedarf hat, der weit über die Frage nach der Sorgerechtsregelung hinausgeht. Im Verlauf der Sitzung werden ihr ihre Ambivalenzen deutlich: Am liebsten möchte sie den Kontakt zum Kindsvater reduzieren und die gemeinsame Vergangenheit mit ihm abschließen. Allerdings sei er der Vater von Maike, er liebe seine Tochter nach wie vor und beanspruche seine Vaterrolle und den regelmäßigen Kontakt. Maike sei ebenfalls ambivalent, mal möchte sie zum Vater, mal gehe sie mit Widerwillen zu ihm. Es werden weitere Beratungstermine vereinbart, in deren Verlauf Frau Klinge noch weitere Ambivalenzen thematisiert. Sie würde gern die Arbeitszeiten reduzieren, um ihre Mutterrolle stärker auszufüllen, allerdings würde sie sich damit in Abhängigkeit von ihrem neuen Freund begeben. Nach der Trennung von ihrem Mann habe sie gelernt, finanziell unabhängig zu sein, was sie mit Stolz erfülle. Sie mache sich sehr viele Gedanken, wie das Zusammenleben mit ihm und Maike sowie im weitesten Sinne ihre Familienkonstellation aussehen könnte.

Was hier in der Beratung thematisiert und bearbeitet wird, ist typisch für Trennungs- und Scheidungsfamilien. Es geht um die Abstimmung der Elternrollen und den damit einhergehenden Verbindlichkeiten sowie der Rolle der neuen Partner*innen, aber auch um die Klärung der Erwartungen und Wünsche der Kinder und insbesondere um die Frage: Wer gehört zur Familie? Innerhalb der Familienforschung nennt man diesen Prozess die Herstellung einer neuen Familienfiguration nach einer Trennung. Der Begriff soziale Figuration wurde von dem Soziologen Norbert Elias eingeführt (Elias 1971; Schäfers 1986). Er versteht darunter ein sich stets veränderndes Geflecht menschlicher Beziehungen, über die ein jeweils spezifisches Abhängigkeitsverhältnis hergestellt wird. Der Kerngedanke von Elias besteht darin, dass soziale Figurationen von Menschen hergestellt werden und sich nicht als statische Gebilde aufrechterhalten lassen. Sie sind also nicht in Zement gegossen: Indem einzelne Menschen, die in bestimmten Figurationen miteinander leben, sich verändern, wandeln sich schließlich auch die Figurationen, die sie miteinander bilden (Elias 1971, S. 140). Das theoretische Konzept der Figuration lässt sich auch auf die Familie übertragen.

D

Definition 4.1

Als Weiterentwicklung des Elias'schen Figurationsbegriffs kann unter einer »Familienfiguration« die wechselseitig abgestimmten Aufgaben und Verbindlichkeiten sowie die damit verbundenen gegenseitigen Erwartungen und familienbezogenen Konzepte verstanden werden, die Personen, die Elternfunktionen haben oder zum Familiennetzwerk gezählt werden, hinsichtlich der Erziehung und Fürsorge der leiblichen bzw. nichtleiblichen Kinder wahrnehmen.

Das, was eine Familienfiguration ausmacht, sind wechselseitige Abhängigkeitsverhältnisse und damit einhergehende Machtbalancen der beteiligten Personen. Verändert sich eine Familienfiguration, so werden die Abhängigkeitsverhältnisse und Machtbalancen neu ausgehandelt. Frau Klinge überlegt, ob sie das alleinige Sorgerecht beim Familiengericht einklagen soll, mit dem Argument der Unzuverlässigkeit des Vaters. Andererseits stellt der Vater eine Entlastung dar, weil er Maike am Wochenende bei sich hat und Frau Klinge dann Zeit mit ihrem Freund verbringen kann. Auch im Hinblick auf die Paarbeziehung geht es um die Aushandlung von Abhängigkeits- und Machtverhältnissen. Ihr Freund möchte am liebsten mit Frau Klinge eine neue Kleinfamilie gründen, mit Eigenheim, zwei Kindern (Maike und ein weiteres Kind) und mit einer klassischen Hausfrauenrolle von Frau Klinge. Frau Klinge befürchtet, dadurch ihre ökonomische Autonomie aufgeben zu müssen.

4.2 Die Methode des Familienszenarios und der »Tierfamilie« in der Sozialpädagogischen Fallarbeit

Das theoretische Konzept der Familienfiguration eignet sich sehr gut für die Sozialpädagogische Fallarbeit, insbesondere bei der Begleitung von Familienübergängen, und zwar deshalb, weil Familienfigurationen sich auch bildlich darstellen lassen. Davon hat auch die Beraterin, Frau Koch, Gebrauch gemacht. Sie hat die Methode des Familienszenarios bei Frau Klinge durchgeführt.

Hinweis

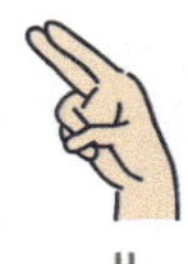

Das »Familienszenario« ist eine Methode des Sozialpädagogischen Fallverstehens (Uhlendorff 2022, S. 82 ff.). Dabei werden Elternteile aufgefordert, Familienszenen mithilfe von Playmobilfiguren darzustellen. Es besteht aus drei Schritten:

1. Die sozialpädagogische Fachkraft bittet den*die Klient*in zu beschreiben, wie ein typischer Alltag in der Familie verläuft. Sobald die Erzählung abebbt, bittet die Fachkraft die Interviewten darum,

eine typische Familienszene, welche die Familiensituation am besten ausdrückt, mithilfe des Spielmaterials darzustellen und diese kurz zu kommentieren. Am Ende wird die Szene von der Fachkraft fotografiert. Im nächsten Gesprächsabschnitt wird die*der Interviewte aufgefordert, die Herkunftsfamilie kurz zu beschreiben und im Anschluss einen typischen Familienalltag aus der eigenen Kindheit zu erläutern. Auch hier wird der Elternteil gebeten, eine typische Alltagsszene aus der Vergangenheit mit Playmobil darzustellen und zu kommentieren. Die letzte Gesprächsphase konzentriert sich auf die familienbezogenen Zukunftswünsche des interviewten Elternteils. Er wird gebeten, eine Zukunftsreise zu machen und eine gewünschte, ideale Familienszene darzustellen. Auch das Vergangenheits- und das Zukunftsbild werden abfotografiert. Das gesamte Gespräch wird nach Möglichkeit aufgezeichnet (nur Audio-Aufzeichnung) oder alternativ werden die wichtigsten Gesprächspassagen im Nachhinein protokolliert.

2. In der zweiten Phase geht es um die Interpretation des Gesprächs und der Szenen durch die Fachkraft (ohne Anwesenheit der Klient*innen). Zu diesem Zweck geht sie das Interview bzw. das Protokoll durch und entscheidet sich für drei Gesprächspassagen, welche die Szenen am besten kommentieren. Diese werden auf Papier festgehalten. Anschließend werden Bild und Text im Hinblick auf zentrale Konfliktthemen (auch Differenzerfahrungen genannt) analysiert.
3. Die dritte Phase besteht aus einem Rückmeldegespräch: Mit dem Elternteil werden die Fotos mit den Familiendarstellungen betrachtet und die ausgewählten signifikanten Gesprächspassagen besprochen. Die Fachkraft stellt in einfachen Worten und dicht an den Äußerungen des Elternteils entlang ihre Interpretation dar (Konfliktthemen, Veränderungsbestrebungen) und bittet um Rückmeldung, inwiefern die Einschätzung zutreffend ist. Anschließend wird der Vater oder die Mutter (bezogen auf das Zukunftsbild) ermuntert, einzuschätzen, was in der nahen und fernen Zukunft erreichbar ist, im Sinne von Zielen. Im letzten Schritt wird gemeinsam erarbeitet,

welche Unterstützung er oder sie (oder ein anderes Mitglied der Familie) braucht, um die Nahziele und gegebenenfalls die Fernziele zu erreichen. Nach Möglichkeit wird dies mithilfe eines Zielplakats festgehalten.

Fallbeispiel 4.1 (Fortsetzung)

Die Sozialpädagogin Frau Koch hat im Rahmen der Beratung das Familienszenario mit Frau Klinge durchgeführt. Frau Koch hat die Beratungssitzung protokolliert.

»Frau Klinge hat meinem Vorschlag, ein Familienszenario durchzuführen, den ich ihr in der letzten Sitzung gemacht habe, zugestimmt. Das Familienszenario wurde heute durchgeführt. Frau Klinge hat eine Gegenwarts-, eine Vergangenheits- und eine Zukunftsszene aufgebaut. Das ging alles relativ schnell und zielstrebig zu. Das Gegenwartsbild kommentierte sie so: ›Das wichtigste in meinem Familienleben ist, wenn wir alle zusammen sind mit meiner Mutter und ihrem Freund Max, der ist eigentlich auch ein richtiger Opa für Maike. Mein Freund ist auch dabei, er gehört auch mit dazu. Im Sommer grillen wir im Garten von meiner Mutter. Meine Mama ist fröhlich und erzählt Familienanekdoten, Max prostet ihr zu. Wir hören zu und lachen viel‹.

Zu dem Vergangenheitsbild sagt sie folgendes: ›Ich kann mich sehr gut an unseren Familienurlaub auf Ibiza erinnern, da war ich elf Jahre alt. Mein älterer Bruder mit seiner Freundin und auch meine ältere Schwester mit ihrem Freund waren auch dabei. Wir waren viel am Strand und haben Sandburgen gebaut. Ich habe viel mit meiner Mutter gespielt, das war schön. Mein Vater war kaum da, da er Surfen gelernt hat. Der war aber meistens im Wasser als auf dem Brett, das fand ich lustig‹.

Das Zukunftsbild kommentiert sie so: ›Das ist eigentlich genauso wie jetzt, wir Grillen bei meiner Mutter, alle sind dabei. Ich habe mittlerweile ein zweites Kind und Maike hat ein Geschwisterchen. Beide sind ganz dicht neben mir und meine Mutter erzählt wie immer ihre lustigen Geschichten und der Familienhund ist natürlich auch dabei!‹«

Beim Vergleich und Betrachten der Bilder ist mir folgendes aufgefallen: In allen drei Bildern werden keine typischen Kleinfamilien abgebildet, also Vater-Mutter-Kind usw. Bei dem Gegenwarts- und Zukunftsbild (Abbildung 4.1 und 4.3) wird eine Großfamilie abgebildet. In dem Vergangenheitsbild fehlt der Vater (Abbildung 4.2). Das Zukunftsbild steht im Kontrast zu dem Wunschbild ihres Partners nach einer Kleinfamilienidylle in einem Einfamilienhaus im Grünen, worüber sie in der letzten Sitzung gesprochen hat. Auf dem Gegenwartsbild ist deutlich eine Mutter-Vater-Kind-Triade zu erkennen, die im gewissen Abstand zu den Großeltern aufgestellt ist. Dies scheint auch die aktuelle Familiendynamik widerzuspiegeln: Ihr Freund ist in ihrem Haushalt sehr präsent und beansprucht die Rolle des »neuen Vaters«, die Frau Klinge zwar skeptisch sieht, aber dem sie nichts entgegenstellt. Im Zukunftsbild ist ein deutlicher Unterschied zu erkennen. Hier bildet sie mit ihren beiden Kindern eine interessante Dreierkonstellation, die sich vom Rest der Gruppe absetzt: Maike ist ihrer Mutter zugewendet, ebenfalls das Kleinkind im Kinderwagen. Frau Klinge und ihr Freund schauen sich an, allerdings aus einer gewissen Distanz. Die Oma blickt Frau Klinge an. Im Vergangenheitsbild ist deutlich zu erkennen, dass sie mit ihrer Mutter eine Dyade bildet (neben den Paaren).

Ich deute das so: Im Zentrum der gewünschten Familienkonstellation steht Frau Klinge mit den Kindern, um die sich eine Art von Großfamilie herumgruppiert. Die Väter bleiben auf Abstand. Es gilt, die Autonomie der Mutter-Kind-Dyade zu bewahren. Frau Klinge ist in einer ähnlichen Familienkonstellation bzw. mit einer ähnlichen Familiengeschichte aufgewachsen. Ihr Vater hat sich wenig um sie gekümmert, die Eltern haben sich getrennt, die Mutter hat einen neuen Partner ins Familienleben integriert, allerdings bleibt die Mutter-Kind-Dyade ein zentraler Bestandteil des Familienlebens, wie man im Vergangenheits-, Gegenwarts- und Zukunftsbild sehen kann: Frau Klinge und ihre Mutter sitzen sich in allen drei Bildern gegenüber. Frau Klinge folgt dem gleichen Orientierungsmuster wie ihre Mutter: die intensive Mutter-Kind-Beziehung wird als Familienkern aufrechterhalten, sie ist offen für eine neue Partnerschaft unter Beibehaltung der eigenen Autonomie. Die Konfliktthemen von Frau Klinge lauten:

- Meine Mutter und ihr Partner sind mir ganz wichtig, sie unterstützen mich in der Kindererziehung. Eigentlich bin ich auf die Unterstützung von meinem Partner im Haushalt und für Maike nicht angewiesen. Ich könnte mir auch vorstellen, dass wir getrennte Haushalte haben und wir eine intensive Paarbeziehung führen.
- Ich bin glücklich, einen neuen Partner zu haben, ich könnte mir vorstellen, mit ihm in einem Haus zu leben und weniger zu arbeiten, allerdings müsste ich meine Autonomie aufgeben, die ich mir erarbeitet habe. Ich bin mir nicht sicher, ob das gut ist. Wenn die Beziehung in die Brüche geht, muss ich mir wieder alles aufbauen.
- Mein Freund wünscht sich eine harmonische Kleinfamilie und ein weiteres Kind. Er will Vater sein und viel im Haushalt machen. Ich finde das einerseits gut, allerdings habe ich große Bedenken, ob wir uns mit dem Haushalt und der Erziehung einigen können. Ich bin auch skeptisch, ein weiteres Kind zu haben.
- Für mich steht eigentlich die Beziehung mit Maike im Zentrum meines Lebens. Damit kann ich gut leben, mein Freund muss sich dem anpassen. Ich habe das Gefühl, dass er damit Schwierigkeiten hat.
- Eigentlich möchte ich den Kontakt zum Kindsvater reduzieren auch für Maike, da er unzuverlässig ist. Ich bin mir unsicher, was Maike möchte. Ich habe Angst, dass wenn ich den Kontakt abbaue, sie mir später Vorwürfe macht.

Frau Klinge lebte bis vor kurzer Zeit in einer Familienfiguration, die bei Alleinerziehenden häufig anzutreffen ist: Die Eltern leben getrennt und erziehen gemeinsam die Kinder mit Unterstützung von Verwandten oder Freunden. Allerdings ist diese Konstellation aus Sicht von Frau

Abb. 4.1: Gegenwartsbild von Frau Klinge: Grillszene im Garten ihrer Mutter • Von links: Hund der Mutter, Frau Klinge, ihre Tochter (Maike), ihr Partner (Marc), der Partner der Mutter (Opa Max), Mutter von Frau Klinge © Playmobil

Klinge mit Konflikten behaftet, da die Eltern unterschiedliche Erziehungsvorstellungen haben und sie Herrn Klinge Unzuverlässigkeit im Hinblick auf die Betreuungszeiten von Maike vorwirft. Bei Frau Klinge ändert sich durch die neue Partnerschaft diese Familienfiguration, was man auch in der Grillszene erkennen kann, in der auch der Freund aufgenommen ist (Abbildung 4.1). Sie steht, wie aus dem Interview hervorgeht, vor der Aufgabe, die Familienfiguration mit ihrem Partner, mit dem leiblichen Vater und mit Maike auszuhandeln. Dabei spielen familiale Orientierungsmuster eine zentrale Rolle. Eltern verfügen über bestimmte Vorstellungsmuster von Familie, die ihnen gleichsam als Leitbilder dienen. Familienfigurationen liegen also (teils unhinterfragte) Orientierungsmuster zugrunde.

Abb. 4.2: Vergangenheitsbild von Frau Klinge: Urlaub auf Ibiza, Strandszene • Von links: Schwester von Frau Klinge mit Partner, Bruder mit Freundin (unten Hund), Frau Klinge mit Mutter © Playmobil

Definition 4.2

»Orientierungsmuster« sind handlungsleitende Konzepte, über die eine Person verfügt. Sie sind implizit und nicht durchgängig bewusst (Bohnsack 2003, S. 191). Es handelt sich um »inkorporiertes Wissen«, das von den Beteiligten zwar zur Anwendung kommt, also »gewusst« wird, sich allerdings der bewussten, reflexiven Explikation oftmals entzieht.

Familienbezogene Orientierungsmuster speisen sich aus (teils idealisierten) Bildern von der eigenen Kindheit, Erziehungsidealen, Väter- und Mütterfiguren und mehr oder weniger idealtypischen Repräsentationen familialer Konstellationen. Familiale Orientierungsmuster

Abb. 4.3: Zukunftsbild von Frau Klinge: Grillszene im Garten ihrer Mutter • Von links: Hund, Mutter, Partner von Frau Klinge, Partner der Mutter (Opa Max), Tochter (Maike), Frau Klinge, zweites Kind © Playmobil

basieren darüber hinaus auf bestimmten Wert- und Normvorstellungen. Typisch für Familienübergänge nach Trennung oder Scheidung ist, dass die jeweiligen Elternteile ihre ursprünglichen Orientierungsmuster infrage stellen, da sie oft nicht mehr passend zur Lebenslage sind, und sich neue aneignen. Auch Frau Klinge orientiert sich neu. In dem Erstsinterview kommt ein Orientierungsmuster zum Ausdruck, das auf die Herstellung einer Stieffamilie abzielt, das heißt Zusammenziehen mit dem neuen Partner, der den leiblichen Vater ersetzen soll, und die Reduktion des Kontakts mit dem anderen leiblichen Elternteil auf ein Minimum. Gleichzeitig soll der neue Partner Erziehungsaufgaben und Haushaltstätigkeiten übernehmen. Allerdings ist sich Frau Klinge unsicher, ob ihre Tochter Maike dem so folgen kann und den Kontakt zum Vater aufrechterhalten möchte.

Drei Monate nach dem Erstinterview stößt die Sozialpädagogin Frau Koch in dem Beratungsgespräch noch auf ein weiteres Orientierungsmuster: Für Frau Klinge steht die Mutter-Kind-Dyade im Zentrum der Vorstellung ihres Familienlebens, dabei wird sie von einem engen Kreis von Familienangehörigen unterstützt (Mutter und deren Partner). Gleichzeitig ist Frau Klinge offen für eine neue Partnerschaft (und eventuell weitere Kinder), allerdings unter Beibehaltung der erzieherischen Hauptverantwortlichkeit und ihrer ökonomischen Unabhängigkeit. Vermutlich setzt Frau Klinge das Orientierungsmuster ihrer Mutter fort. In den Gesprächen mit ihrer Beraterin reflektiert sie die Erwartungen ihres neuen Partners mit. Diese werden, so scheint es, von einem anderen Orientierungsmuster geleitet, das stärker auf die Herstellung einer Kernfamilienfiguration ausgerichtet ist, die durch eine triadische Beziehungsstruktur (Mutter – Vater – Kinder) geprägt wird und bei der die ökonomische Autonomie der Elternteile eine untergeordnete Rolle spielt. In ihrem Zukunftsbild (Abbildung 4.3) hingegen nimmt Frau Klinge den Wunsch ihres Partners nach einem gemeinsamen Kind mit auf, allerdings wird das Kind in eine Mutter-Kind-Dyade eingebunden. Die frontale Positionierung von Frau Klinge gegenüber ihrem neuen Partner und dessen räumlicher Abstand zu ihr und zu den Kindern deutet auf ihren Wunsch hin, nicht nur die erzieherische Hauptverantwortung zu tragen, sondern auch autonom zu sein.

Wir können festhalten, dass bei der Sozialpädagogischen Fallarbeit mit Familien, insbesondere bei Familienübergängen, die Reflexion und gegebenenfalls die Veränderung von Orientierungsmustern eine zentrale Rolle spielen, um Familienreorganisationen erfolgreich oder zumindest befriedigend zu bewältigen.

Es stellt sich nun die Frage, ob Frau Klinge ihr Orientierungsmuster, das Frau Koch mit ihr besprechen konnte, aufrechterhalten kann oder ob sie dieses aufgibt bzw. verändert.

Fallbeispiel 4.1 (Fortsetzung)
Frau Koch hat mit Frau Klinge ein Rückmeldegespräch geführt und dabei mit ihr die Konfliktthemen sowie das weitere Vorgehen besprochen. Sie fasst die Ergebnisse in dem Beratungsprotokoll wie folgt zusammen.

> »Rückmeldegespräch mit Frau Klinge: Ich habe Frau Klinge die Fotos von den Familienszenen gezeigt und ihr die Konfliktthemen vorgestellt. Sie ist sehr angespannt und aufgewühlt. Zu fast jedem Konfliktthema fallen ihr konkrete Erfahrungen ein. Sie stimmt meinen Formulierungen zu. Sie kommt auf ein grundlegendes Problem zu sprechen. Sie hat Angst, ihren neuen Partner zu verlieren und lässt deshalb seine starke Präsenz im Familienalltag zu. Aus ihrer Sicht hat ihr neuer Partner sich zu schnell in die Erziehung von Maike eingebunden. Sie möchte die Konfliktthemen ergänzen mit den Sätzen: ›Ich habe Angst, meinen Partner zu verlieren, wenn ich seine Wünsche nicht erfülle‹«.

Im Anschluss sprechen wir über Maike. Frau Klinge kann nicht richtig einschätzen, ob Maike aus Loyalität zu ihr sich so intensiv auf ihren neuen Partner einstellt und welche Erwartungen sie an ihren leiblichen Vater hat.

> »Ich frage sie, wie es aus ihrer Sicht weitergehen könnte. Sie fühlt sich allein überfordert, mit ihrem Freund und mit Maike die Familiensituation zu besprechen. Ich schlage vor, sowohl Maike als auch ihren Freund in die Beratung einzubeziehen. Allerdings müsste sie beide dazu überzeugen. Ich frage, ob es auch ihrer Sicht erwünscht ist, auch den Kindsvater einzubeziehen. Frau Klingel sagt, dass dies zurzeit verfrüht ist und vielleicht später erfolgen kann«.

Die Sozialpädagogin Frau Koch folgt einer Strategie, die in der systemischen Familienberatung üblich ist, insbesondere bei familialen Übergängen, wie hier bei der Familie Klinge. Sie versucht alle Familienangehörigen einzubeziehen, allerdings unter der Voraussetzung, dass dies von den Beteiligten erwünscht ist. Die Einbeziehung von Kindern ist möglich. Es gibt mehrere Methoden, mittels derer dies erfolgen kann. Zum Beispiel durch die Methode »Tierfamilie«, die von Frau Koch eingesetzt wurde.

Hinweis

Die Methode »Familie in Tieren« wurde in den 1950er Jahren von Luitgard Brem-Gräser als eine psychologische Untersuchungsmethode für Kinder eingeführt, um Konflikte innerhalb der Familie zu diagnostizieren. Dazu wird das Kind aufgefordert, sich seine eigene Familie als Tierfamilie vorzustellen und sich selbst in die Figur eines Tieres zu begeben. Anschließend soll es die Tierfamilie zeichnen. Gräser ging von der Annahme aus, dass beim Zeichnen die teils unbewussten Emotionen und Wünsche einfließen. Die entstandene Tierchoreographie wird anschließend nach tiefenpsychologischen Gesichtspunkten ausgewertet, wobei Anordnung der Tiergestalten, unterschiedliche Gruppierungen, Verwendung gleicher Tiere, deren Größenverhältnisse und Charaktere zu berücksichtigen sind (Brem-Gräser 2006).

Viele Kinder- und Jugendtherapeut*innen und Familienberater*innen verwenden anstelle von Stiften und Papier Tierspielzeugfiguren aus Holz oder Plastik. Spielzeugfiguren sind leichter zu handhaben, da die Kinder eine Choreografie einfacher an ihre Vorstellungen anpassen können. Zudem können sie die Figurengruppe spielerisch verändern und dabei kommentieren.

Fallbeispiel 4.1 (Fortsetzung)

Frau Koch hat Maike (ohne dem Beisein von Frau Klinge) animiert, mithilfe von Tierspielzeugfiguren ihre Familie darzustellen (Abbildung 4.4).

> »Maike ist auf meinen Vorschlag eingegangen. Sie mustert die einzelnen Tiere sehr genau und überlegt. Sie wählt das größte Tier aus, den Elefanten, und kommentiert: ›Das is meine Mama, die ist gaaanz stark‹. Danach nimmt sie den kleinen Affen und setzt ihn auf den Rücken des

Elefanten. Nach einer Weile wählt sie das Nilpferd und platziert es neben den Elefanten. Es soll ihre Oma darstellen: ›Die is lustig und hat ein großes Maul‹. Schließlich stellt sie ein Pferd dazu mit den Worten: ›Das ist Opa‹. Sie setzt den Affen spielerisch auf den Rücken des Nilpferds, dann auf den Rücken des Pferdes und sagt: ›Huhu ich kann auf euch allen drei reiten, das macht Spaß‹. Schließlich stellt sie in einem gewissen Abstand einen Löwen und eine Löwin auf. Sie sagt: ›Das ist mein Vater mit der Kirsten‹ (seine Freundin). Zum Schluss platziert sie einen zweiten Affen gegenüber zur Löwengruppe. Der Affe ist Marc (Freund der Mutter), ›mit dem kann ich spielen ... aber nur, wenn ich will‹. Ich frage sie, was sie an dem Affen mag, der auf dem Rücken der Mutter sitzt: ›Das bin doch ich!!! Ich kann gut klettern ... Affen spielen gern‹.«

Was an der Tierfamilie auffällt, ist, dass ähnlich wie bei dem Gegenwarts- und Zukunftsbild von Frau Klinge die Oma und der Opa eine sehr zentrale Rolle spielen. Für Maike bilden ihre Mutter, ihre Oma und deren Freund die Kernfamilie, mit ihrer Mama als Oberhaupt mit der Figur des Elefanten. Die Zweitstärkste Figur (Körpergröße/Gewicht) ist die Großmutter. Maike will auf allen drei reiten, was bedeutet, dass sie von allen drei getragen, aber auch geschützt wird. Weder der leibliche Vater (mit seiner Freundin) noch der Freund der Mutter gehören für sie zum engeren Kreis der Familie, aber sie sind jederzeit verfügbar als Spielkamerad (Freund der Mutter) oder als zusätzlicher Schutz durch den Vater und dessen Freundin.

»Ich habe das Foto von Maikes Tierfamilie Frau Klinge gezeigt und dabei auch erzählt, was Maike dazu gesagt hat. Ich habe ihr meine Interpretation vorgestellt. Sie ist sehr berührt. Ich denke das hilft ihr, die Beziehungswünsche von Maike besser einzuschätzen.«

Das Beispiel zeigt, dass Kinder in Trennungsfamilien deutliche Vorstellungen von gewünschten Familienfigurationen entwickeln können. Ziel der Sozialpädagogischen Fallarbeit ist es – neben der Bearbeitung von Orientierungsmustern –, die Beziehungswünsche der Kinder den Eltern

Abb. 4.4: Maike, Aufstellung einer Tierfamilie • Von links: Freund der Mutter, Großmutter, Mutter mit Maike, Partner der Großmutter, Maikes Vater, Freundin des Vaters

transparent zu machen und so die Transformation der Familienfiguration auch aus der Sicht des Kindes zu unterstützen. Bei Trennungsfamilien haben wir es, wenn neue Partner und Partnerinnen dazukommen, mit komplexen Figurationen zu tun, innerhalb derer unterschiedliche Erwartungen und Bedürfnisse abgestimmt werden müssen, die sich, wie die Aufstellung mit den Tieren zeigt, bildlich sehr gut darstellen und besprechen lassen. Der Tierfamilie zufolge besteht die Familienfiguration aus Sicht von Maike aus sieben Personen (einschließlich ihr selbst).

Das Beispiel zeigt, dass die Abstimmung der wechselseitigen Erwartungen in Familien, die sich nach der Trennung der Eltern neu formieren, eine besondere Herausforderung darstellt, insbesondere im Hinblick auf das Kindeswohl. Aus Sicht von Frau Klinge verlief der Abstimmungsprozess im Hinblick auf die Elternrollen und die gemeinsamen Zukunftspläne mit dem neuen Partner mehr oder weniger erfolgreich.

Fallbeispiel 4.1 (Fortsetzung)

Die Beratung zog sich über sechs Monate hin. In dem Abschlussinterview berichtet Frau Klinge, dass ihr neuer Partner gegenwärtig beruflich viel unterwegs und zudem ein »sehr freiheitsliebender Mensch« sei, sodass Frau Klinge befürchte, dass ein zweites Kind vor allem sie in ihrer Autonomie einschränke. Außerdem räumt sie dem biologischen Vater ihrer Tochter nun einen dauerhaften, wenn auch nicht zentralen Platz als ›Papa‹ im Familienleben ein:

> »Ich glaube schon, dass sie [Maike] weiß, was sie an ihm [neuer Partner] hat, sie weiß auch andererseits, was sie an dem Papa [biologischer Vater] hat«.

Die Beziehung der Tochter zu ihrem neuen Partner habe sich zwar gefestigt, gleichzeitig möchte sie aber seinen Einfluss in der Erziehung begrenzen.

> »Ich muss ihm dann einfach ins Wort fallen und sagen, so jetzt hier mein Part, übernehme ich. Und das klappt eigentlich dann auch ganz gut. Wenn ich sag, ist gut jetzt, das möchte ich jetzt ganz gerne machen, oder klären oder hier besprechen, dann ist er auch ruhig. Er ist dann zwar kurz angepieselt, aber gut«.

Insgesamt ist also im Zweitinterview die Vorstellung der Wiederherstellung einer triadischen Struktur, in der ihr neuer Partner den biologischen Vater der Tochter möglichst weitgehend ›ersetzt‹ und diese Familienfiguration durch ein weiteres Kind gefestigt wird, kaum mehr sichtbar. Kenntlich wird dagegen eine offenere Struktur, in der sowohl der leibliche Vater als auch der Partner eine gewisse Rolle spielen können, allerdings bilden Frau Klinge und ihr Kind den engen und entscheidenden ›Kern‹ dieser Familie.

4.3 Familienfigurationen und familiale Orientierungsmuster von Alleinerziehenden: Ein Überblick

Im Rahmen einer qualitativen Forschungsstudie zu Familiendynamiken von Alleinerziehenden konnten wir bei einer kleinen Stichprobe von 33 Interviews mit Eltern insgesamt sechs typische Familienfigurationen herausarbeiten (Equit/Euteneuer/Uhlendorff 2022). Der Forschungsansatz ist nicht neu, innerhalb der Familienforschung gibt es mehrere Studien, die Familienkonstellationen von Alleinerziehenden untersuchen, so zum Beispiel die bekannte Forschungsarbeit von Schneider et al. aus dem Jahr 2001. Allerdings konzentrieren die Autor*innen dieser Studie sich dabei ausschließlich auf die Elternkonstellationen. Wie das Beispiel der Familie Klinge zeigt, wird die Kindererziehung und -pflege nicht nur von den leiblichen Eltern und Stiefvätern bzw. -müttern ausgeübt, sondern auch von Verwandten. Von daher trägt der Familienfigurationsansatz weiter, da er nicht nur Eltern, sondern das gesamte Netz der Personen einbezieht, die Erziehungsaufgaben übernehmen und für die Kinder im Alltag eine Rolle spielen. In unserer Studie konnten wir insgesamt sechs typische Familienfigurationen herausarbeiten. Dabei muss allerdings berücksichtigt werden, dass wir es nur mit einer kleinen Strichprobe von 33 Familien zu tun haben. Sicherlich gibt es noch mehr Typen. Die Beschreibung der jeweiligen Figurationen endet mit einer kurzen Notiz zu den möglichen Perspektiven der Sozialpädagogischen Fallarbeit. Allerdings muss betont werden, dass nicht jede Figuration sozialpädagogische Unterstützung braucht.

Figuration 1: Getrennt leben und die Kinder gemeinsam erziehen

Die Eltern wohnen nicht zusammen und führen auch keine Partnerschaft mehr. Beide verfügen über einen eigenen Haushalt. Die gemeinsamen Kinder werden von beiden Elternteilen erzogen. Die Kinder leben in der Regel in zwei Haushalten. Die Eltern bemühen sich um gemeinsame Vereinbarungen, wann die Kinder von ihnen betreut werden und wer welche Verantwortungen hat. Dabei können die Betreuungszeiten bzw. das zeitliche Engagement unter den Eltern stark variieren. In unserem Sample fanden wir Eltern, deren Kinder gleich viel Zeit mit den jeweiligen Elternteilen verbrachten, aber auch Familien, in denen die Kinder, so wie bei Frau Klinge, nur jedes zweite Wochenende oder sogar noch weniger bei dem anderen Elternteil sind. Als ein Familienprinzip gilt, dass beide Elternteile Verantwortung für das Kind übernehmen und ein enges Verhältnis unabhängig vom ihrem zeitlichen Betreuungsrahmen haben. Einige Eltern haben ein freundschaftliches Verhältnis zueinander, sie tauschen sich regelmäßig aus und richten Familienfeiern gemeinsam aus, andere haben ein konfliktbehaftetes Verhältnis und tauschen nur bei der »Übergabe« des Kindes Informationen aus. Die Sozialpädagogische Fallarbeit konzentriert sich bei dieser Familienfiguration bei Konflikten im Elternsystem darauf, die Kooperation der Eltern im Hinblick auf das Wohl des Kindes zu fördern. Einen zweiten Schwerpunkt bildet die Unterstützung der Eltern im Hinblick auf das Aushandeln der Rollen der neuen Partner*innen.

Figuration 2: Getrennt leben und die Kinder gemeinsam mit Unterstützung von Verwandten und/oder Freunden erziehen

Diese Familienfiguration ähnelt der ersten, mit dem Unterschied, dass Großeltern, andere Verwandte oder Freunde sich an der Erziehung der Kinder wesentlich beteiligen. Sie haben ein enges Verhältnis zu den Kindern und verbringen unabhängig von den Eltern Zeit mit ihnen: das heißt Großeltern, Onkel und Tanten oder ältere Geschwister der Kinder betreuen die Kinder in ihrem eigenen Haushalt oder dem der leiblichen Eltern, zum Beispiel nach der Schule, abends oder sogar an Wochenenden. Dadurch tragen sie wesentlich zur Entlastung der leiblichen Eltern bei, besonders dann, wenn sie Vollzeit berufstätig sind. In der Sozialpädagogischen Fallarbeit werden ähnlich Themen bearbeitet wie in der Figuration 1. Gelegentlich treten aber auch Konflikte zwischen den Eltern und Großeltern zutage, die von unterschiedlichen Erziehungskonzepten herrühren. Die Sozialpädagogische Fallarbeit unterstützt hier die Aushandlung von gemeinsamen oder komplementären Erziehungskonzepten. Diese Figuration bestand bei Frau Klinge, bevor sie den neuen Partner kennenlernte.

Figuration 3: Alleinverantwortlichkeit

Bei dieser Familienfiguration handelt es sich im wahren Sinne des Wortes um »Allein-Erziehende«. Ein Elternteil trägt hier die alleinige Verantwortung für die Kinder. Der andere Elternteil spielt keine verlässliche Rolle bei der Betreuung der Kinder. Es gibt keine Personen aus der Verwandtschaft oder dem Freundeskreis, die den Elternteil bei der Erziehung der Kinder wesentlich unterstützen. Alle relevanten Versorgungs- und Erziehungsaufgaben hängen an einem Elternteil, was teilweise zu Überforderung und Erschöpfung führt. Die Sozialpädagogische Fallarbeit konzentriert sich auf die Entlastung des Vaters bzw. der Mutter im Alltag und auf die Aktivierung des anderen leiblichen Elternteils (falls es erwünscht ist) oder anderer Personen im Freundes- oder Verwandtenkreis.

Figuration 4: Alleinverantwortlich mit Unterstützung von Verwandten und/oder Freunden

Ähnlich wie bei der Figuration »Alleinverantwortlichkeit« fehlt hier die verlässliche Unterstützung in der Kindererziehung durch den anderen Elternteil. Allerdings verfügen die Väter oder Mütter über Personen aus der Verwandtschaft oder dem Freundeskreis, die sie im Haushalt und der Erziehung unterstützten. Auch hier zielt die Sozialpädagogische Fallarbeit auf die Entlastung der Eltern ab, auf die Aktivierung des anderen Elternteils und insbesondere auf Beratung bei Erziehungskonflikten.

Figuration 5: Multiple Elternschaft

Innerhalb dieser Familienfiguration übernehmen mehr als zwei Erwachsene Elternrollen. Die leiblichen Eltern haben sich getrennt und leben mit neuen Partner*innen zusammen, die sich ebenfalls intensiv an der Erziehung der Kinder beteiligen. Das heißt die Kinder leben in der Regel in zwei Haushalten und führen sowohl zu ihren leiblichen Eltern als auch zu deren Partner*innen eine enge Beziehung. Bei einigen Familien haben sie auch engen Kontakt zu Stiefgeschwistern. Ein zentrales Thema der Sozialpädagogischen Fallarbeit ist die Abstimmung der teilweise unterschiedlichen Erwartungen der beteiligten Erwachsenen und die damit einhergehenden Konflikte. In unserem Sample fanden sich auch zwei Regenbogenfamilien, in denen zwei gleichgeschlechtliche Paare gemeinsame Kinder hatten und sich die Paare trennten.

Figuration 6: Stieffamilien

Die alleinerziehenden Eltern leben in einer Beziehung mit einem*einer neuen Partner*in in einer »living-apart-together«-Konstellation. Der*die neue Partner*in wird in einer elternähnlichen Position gesehen, er*sie übernimmt wichtige Betreuungsaufgaben für die Kinder und ersetzt in gewisser Weise den getrennten Elternteil. Meistens gibt es keinen oder nur sehr wenige Kontakt zum getrenntlebenden Elternteil. Sozialpädagogische Fallarbeit gilt hier der Unterstützung der Stiefeltern-Kind-Beziehung sowie der Abstimmung der Elternrollen und gemeinsamer Erziehungskonzepte.

In der Untersuchung haben wir die Alleinerziehenden auch zur Familienfiguration befragt, die sie für ihr zukünftiges Familienleben anstreben. Von den Eltern, die an der Studie teilnahmen, wünschten sich etwas mehr als die Hälfte eine andere Familienkonstellation für die Zukunft. Bemerkenswert ist, dass die am meisten bevorzugte Form die »Multiple Elternschaft« (Figuration 5) war. Auffallend häufig strebten Eltern mit der aktuellen Familienfiguration vom Typen 1, 2 oder 3 eine »Multiple Elternschaft« an. Andere hingegen wollten ihre Familienfiguration in eine »Stieffamilie« (Figuration 6) umwandeln.

In unserer Studie zeigte sich, dass knapp die Hälfte unserer Stichprobe ihre derzeitige Familienfiguration als optimal ansieht und sich für ihren künftigen Familienalltag nur geringe Veränderungen wünscht. Bemerkenswert ist, dass mehr als die Hälfte der Alleinerziehenden in der Kategorie Figuration 3 »Alleinverantwortlichkeit« und die Hälfte der Alleinerziehenden in der Kategorie Figuration 4 »Alleinverantwortlich mit Unterstützung von Verwandten und/oder Freunden« ihre Familienfiguration beibehalten wollten. Es ist jedoch wichtig festzustellen, dass sich die Alleinerziehenden beider Figurationen in ihren derzeitigen Lebensbedingungen stark unterscheiden. Alleinerziehende der Figuration 3, die ihre derzeitige Figuration beibehalten wollten, sahen sich mit großen Problemen konfrontiert, wie zum Beispiel einer chronischen Krankheit oder einer Mehrfachbehinderung der Kinder. Die Befragten konnten sich aufgrund ihrer problematischen Lebenssituation nicht vorstellen, eine*n neue*n Partner*in in ihre Familie zu integrieren, da sie noch zusätzlich Belastungen vermuteten. Sie wurden alle intensiv im Rahmen der Sozialpädagogischen Familienhilfe betreut. Alleinerziehende mit Unterstützung durch Verwandte oder Freunde (Figuration 4) hingegen schätzten ihre Familienkonstellation dank eines komplexen Betreuungssystems als ressourcenreich und wenig belastend ein, sodass keine zusätzlichen Betreuungspersonen benötigt werden. Aufgrund der Integration des Elternteils in den Arbeitsmarkt befanden sich diese Familien in einer besseren wirtschaftlichen Situation als andere Befragte in unserer Stichprobe. Wie oben schon erläutert, muss berücksichtigt werden, dass es sich nicht um ein repräsentatives Sample handelt. Allerdings wird eine Tendenz deutlich, die sich vermutlich in einer größeren Studie so oder ähnlich abbilden würde.

Ich habe weiter oben erläutert (siehe Definition 3.2), dass Eltern über Orientierungsmuster verfügen, die ihnen gleichsam als Triebkraft für die gewünschte Veränderung oder Aufrechterhaltung ihrer Familienfiguration dienen. Da mehr als die Hälfte der Eltern eine andere Familienfiguration anstrebt als die aktuell gelebte, sind ihre Orientierungsmuster nicht identisch mit ihren gegenwärtigen Figurationen. Die Orientierungsmuster lassen sich, wie wir am Beispiel von Frau Klinge gesehen haben, mittels des Familienszenarios oder des fragend-erörternden sozialpädagogischen Gesprächs leicht erschließen. Die gemeinsame Reflexion der jeweiligen Orientierungsmuster in der Sozialpädagogischen Fallarbeit ist zentral. Um Ihnen die Diagnose zu erleichtern, gebe ich Ihnen im Folgenden einen Überblick über die fünf Orientierungsmuster, die wir in unserer Untersuchung analysieren konnten.

Orientierungsmuster 1: Beibehaltung der alten Triade und Versuch, eine*n neue*n Partner*in zu integrieren

Diesem Muster folgen häufig Eltern, bei denen die Trennung vergleichsweise kurz zurückliegt (meist zwischen einem und zwei Jahren). Einerseits wollen die Eltern, dass der andere Elternteil trotz der Trennung seine elterlichen Funktionen beibehält. Andererseits planen oder bemühen sie sich aktuell, eine*n neue*n Partner*in in die Konstellation zu integrieren. Er oder sie sollte in kleinem Umfang in die Haushalts- und Erziehungsaufgaben einbezogen werden, allerdings dabei nicht den getrennten Elternteil ersetzen.

Die Rolle des getrenntlebenden Elternteils ist innerhalb dieser Gruppe unterschiedlich: Bei einigen Familien übernimmt der andere Elternteil wesentliche Erziehungs- und Betreuungsaufgaben im Alltag. In anderen Fällen beteiligen sie sich nur partiell, allerdings wünschen sich die Interviewten, dass sie sich stärker engagieren. Eltern mit diesem Orientierungsmuster stehen vor der Frage, wie die verschiedenen Elternrollen gestaltet und miteinander in Einklang gebracht werden können.

Orientierungsmuster 2: Konzentration auf die Eltern-Kind-Dyade

Für die Eltern spielt die Integration eines*einer neuen Partner*in oder die Aufrechterhaltung der ursprünglichen Eltern-Kind-Dreiheit keine Rolle. Sie leben in der Figuration »Alleinverantwortlichkeit« mit oder ohne Unterstützung durch Verwandte bzw. Freunde (Figuration 3 oder 4) und wollen die derzeitige Konstellation beibehalten und verbessern. Ein*e neue*r Partner*in kommt für sie längerfristig nicht infrage; der andere Elternteil partizipiert nur sehr marginal oder überhaupt nicht an der Kindererziehung. Meist liegt die Trennung weit zurück. Die Eltern, die diesem Orientierungsmuster folgen, orientieren sich – vor dem Hintergrund biografischer Belastungserfahrungen – an der Mutter-Kind-Dyade als Lebensaufgabe, als sinnstiftendes Projekt, um Stabilität in der Familie und eine gewisse elterliche Autonomie zu erreichen. Es geht ihnen um die Verbesserung oder Erhaltung ihres körperlichen und emotionalen Wohlbefindens, aber auch um das der

Kinder. Die Integration eines*einer möglichen neue*n Partner*in stellt ein Risiko für die Verwirklichung dieses Lebensprojekts dar, da er*sie eine zusätzliche Belastung oder zusätzliche Konflikte mit sich bringen könnte, mit denen sich die Eltern dieser Gruppe sich nicht auseinandersetzen wollen.

Orientierungsmuster 3: Intensivierung der Unterstützung durch soziale Netzwerke, offen für eine neue Partnerschaft, aber Beibehaltung der Eltern-Kind-Dyade

Auch hier steht die Eltern-Kind-Dyade im Lebensmittelpunkt, die allerdings im Unterschied zum Orientierungsmuster 2 von einem unterstützenden sozialen Netz umgeben wird (Figuration 4). Die Befragten stehen der Idee eines*einer neuen Partner*in offen gegenüber. Sie erwarten allerdings von ihrer*ihrem Partner*in, dass er*sie sich in das unterstützende Netzwerk integriert, ohne die Elternrolle zu übernehmen. Dieses Orientierungsmuster basiert auf ähnlichen normativen Konzepten wie das erste Muster: In ihren Augen sind die biologischen Eltern die wichtigsten Bezugspersonen der Kinder und sie sind diejenigen, die für deren Erziehung und Wohlergehen verantwortlich sind. Im Gegensatz zur Gruppe der Eltern mit dem Orientierungsmuster 1 fehlt jedoch der andere Elternteil durch Tod oder aufgrund von unüberwindbaren Konflikten. Allerdings soll der fehlende Elternteil nicht ersetzt, sondern durch ein Netz von Bezugspersonen, möglicherweise auch durch eine*n neue*n Partner*in, kompensiert werden. Die Eltern sind stolz darauf, dass es ihnen als Alleinerziehende gelungen ist, Haushalt, Kindererziehung und Berufstätigkeit miteinander zu verbinden. Auf diese Weise erfüllen sie ihren Wunsch nach Selbstverwirklichung im Beruf. Diesem Orientierungsmuster folgt Frau Klinge im Zweitinterview.

Orientierungsmuster 4: Die Eltern-Kind-Triade aufrechterhalten

Die Eltern halten trotz Trennung am Prinzip der Eltern-Kind-Triade fest und versuchen, diese mit dem anderen leiblichen Elternteil oder mit einem*einer neuen Partner*in umzusetzen. Multiple Elternschaft – das heißt eine Konstellation von drei oder mehr Elternteilen, die ein Kind aufziehen – stellt in ihrem Denken einen negativen Kontrapunkt dar. Folglich gibt es zwei unterschiedliche Ansätze für eine Neugestaltung der Familienfiguration nach der Trennung. Die eine Untergruppe versucht, mit dem*der neuen Partner*in eine Stieffamilie zu bilden, nachdem der Kontakt zum anderen biologischen Elternteil ihrer Kinder abgebrochen wurde. Andere Eltern bemühen sich, die ursprüngliche Eltern-Kind-Triade trotz getrennter Haushalte und der Beendigung ihrer intimen Partnerschaft aufrechtzuerhalten. Insgesamt halten Eltern mit diesem Orientierungsmuster an dem konventionellen Bild der Kernfamilie fest, auch wenn sie sich von ihren Partner*innen getrennt haben. Dieses Muster ist durch die normative Vorstellung gekennzeichnet, dass Kinder ausschließlich einen Vater und eine Mutter als Bezugspersonen brauchen. Allerdings wird die Kleinfamilie bei einigen Eltern nicht als isoliertes Gebilde gesehen, sie wünschen sich die Unterstützung der Großeltern oder anderer Verwandter, was bei einigen auch schon umgesetzt wurde. Dieses Orientierungsmuster fanden wir im Erstinterview von Frau Klinge.

Orientierungsmuster 5: Aushandlung multipler Elternschaft

Eltern, die diesem Orientierungsmuster folgen, favorisieren eine Familienfiguration, in der die leiblichen Elternteile und deren neue Partner*innen Fürsorge- und Erziehungsaufgaben sowohl gegenüber der eigenen Kinder als auch gegenüber denen der Partner*innen verantwortlich wahrnehmen. In unserem Sample ließen sich zwei Gruppen voneinander unterscheiden:

- Eltern, die in einer Kernfamilie gelebt und sich getrennt haben und bei denen ein oder beide Elternteile eine*n neue*n Partner*in haben oder sich dies wünschen. Diese Gruppe hatte noch keine Erfahrung mit multiplen Formen der Elternschaft gemacht.
- Eltern, die bereits vor der Trennung von ihrem*ihrer Partner*in in einer multiplen Figuration lebten. Insgesamt traf dies auf vier Familien unseres Samples zu. Interessant ist, dass alle Befragten ver-

suchen, die »ursprüngliche« multiple Konstellation beizubehalten. Das Orientierungsmuster ist dadurch gekennzeichnet, dass das ursprüngliche Konzept der multiplen Elternschaft an die veränderten familiären Bedingungen (Trennung, unterschiedliche Anforderungen und Erwartungen an die Kinderbetreuung) angepasst und mit den anderen beteiligten Eltern neu ausgehandelt wird. Von den vier Fällen haben zwei eine heterosexuelle Konstellation, bei den beiden anderen handelt es sich um Regenbogenfamilien. Die vorherrschende normative Orientierung ist, dass die biologischen Eltern als Bezugspersonen für die Kinder wichtig sind und sie sich dieser Verpflichtung nicht entziehen dürfen. Aus ihrer Sicht haben die Kinder ein Recht auf einen intensiven Kontakt zu ihren biologischen Eltern. Die beiden von uns befragten homo- und bisexuellen Mütter hatten sich vor der Zeugung des Kindes auf eine Regelung geeinigt, nach der den biologischen Eltern und ihren Partner*innen klar definierte Rollen in einer multiplen Familienfiguration zugewiesen wurden. Andere Erwachsene (neue Partner*innen der Eltern nach der Trennung) sollten nicht in die Elternrolle einbezogen werden, um das Wohl der Kinder nicht zu gefährden.

4.4 Zusammenfassung

Eltern stehen nach der Trennung vor der Aufgabe, ihre Familie neu zu organisieren. Dies betrifft insbesondere das Aushandeln von Elternrollen, von Zuständigkeiten und Verantwortlichkeiten für die Kindererziehung sowie von zeitlichen Betreuungsarrangements. Eine besondere Herausforderung spielt dabei aber auch die Frage nach der Einbindung eines*einer neue*n Partner*in in die Familie. In der wissenschaftlichen Fachsprache nennt man dies »Familienübergänge bewältigen«. Im Zentrum steht dabei die Reflexion und Aushandlung von Familienfigurationen. Der Begriff umfasst ein Netzwerk von Personen, die Fürsorgeaufgaben für ein Kind übernehmen. Dieser Prozess wird in der Sozialpädagogischen Fallarbeit, zum Beispiel im Rahmen der Erziehungs- und Familienberatung, der Sozialpädagogischen Familienhilfe oder auch in stationären Settings (wie der Heimerziehung) unterstützt. Hilfreich dabei sind nicht nur entsprechende Beratungsmethoden und visualisierende Verfahren (wie Familienszenario, Tierfamilie), sondern auch die Diagnose der Orientierungsmuster der Eltern, welche in der Beratung thematisiert werden können.

Die Sozialpädagogische Fallarbeit unterstützt die Eltern darin, nicht nur ihre Orientierungsmuster zu reflektieren, sondern sie auch zu modifizieren, um den Familienübergang und die Neugestaltung der Familienfiguration zu meistern. Es konnte gezeigt werden, dass es typische Familienfigurationen und Orientierungsmuster von Alleinerziehenden gibt. Deren Kenntnis unterstützt eine erfolgreiche Sozialpädagogische Fallarbeit. Insgesamt ließ sich eine Typologie von sechs Familienfigurationen und fünf Orientierungsmuster bilden.

Aufgaben zur Selbstüberprüfung

Aufgabe 4.1

In unserem Sample ließen sich anhand der Interviews und Familienszenarios eine ganze Reihe unterschiedlicher »Transformationspfade« eruieren, das heißt die Alleinerziehenden befinden sich in einer von den oben genannten sechs Figurationen, allerdings streben sie eine andere an. Nehmen Sie die Aufstellung (Typologie) der Familienfigurationen und der Orientierungsmuster zur Hand. In der Tabelle 4.1 sind die von den Eltern gewünschten Transformationen ihrer Familienfiguration tabellarisch aufgeführt. In der linken Spalte finden Sie die gegenwärtige Familienfiguration, in der Spalte daneben die angestrebte. Versuchen Sie jedem »Transformationspfad« das entsprechende Orientierungsmuster zuzuordnen.

Aufgabe 4.2

Innerhalb unseres Samples gab es aber auch Familien, die ihre Familienfiguration nicht aufgeben, sondern nur leicht verändern wollen.

Versuchen Sie jeder Familienfiguration das entsprechende Orientierungsmuster zuzuordnen. Dafür steht Ihnen die Tabelle 4.2 zur Verfügung.

Tab. 4.1: Transformationspfade von Familienfigurationen mit den entsprechenden Orientierungsmustern

Aktuelle Familienfiguration	Gewünschte Familienfiguration	Entsprechendes Orientierungsmuster
Figuration 1	Figuration 2	
Figuration 1	Figuration 5	
Figuration 1	Figuration 6	
Figuration 2	Figuration 5	
Figuration 3	Figuration 5	
Figuration 3	Figuration 6	
Figuration 4	Figuration 1	
Figuration 4	Figuration 6	
Figuration 6	Figuration 5	

Tab. 4.2: Modifikationen von bestehenden Familienfigurationen mit den entsprechenden Orientierungsmustern

Aktuelle Familienfiguration	Gewünschte Familienfiguration	Entsprechendes Orientierungsmuster
Figuration 1	Figuration 1	
Figuration 2	Figuration 2	
Figuration 3	Figuration 3	
Figuration 4	Figuration 4	
Figuration 5	Figuration 5	
Figuration 6	Figuration 6	

5 »Frau Celik will ihr ursprüngliches Familienkonzept weiterführen«: Bildungsprozesse von Eltern begleiten

Wenn Sie dieses Kapitel gründlich durchgearbeitet haben, wissen Sie, was ein Familienkonzept ist und welche Rolle es innerhalb der Bildungsprozesse von Eltern spielt. Sie kennen unterschiedliche Bildungskonstellationen von Eltern und können diese in der Sozialpädagogischen Fallarbeit anwenden.

5.1 Bildung als Reflexion und Veränderung von Familienkonzepten

Im ersten Kapitel haben Sie sich mit Bildungsprozessen von Jugendlichen beschäftigt. Wir haben Bildung definiert als Reflexionsprozesse, die zur Konstruktion und Veränderung von Lebenskonzepten im Hinblick auf ein gelungenes und sozial akzeptables Leben hinführen (Definition 1.3). Im Fall von Nina konnten Sie sich einen Einblick verschaffen, wie Sozialpädagogische Fallarbeit, etwa mittels fragend-begleitender und fragend-erörternder sozialpädagogischer Gespräche, das Nachdenken über ein besseres Lebenskonzept anregen und mithin zu Veränderungsprozessen beitragen kann. Dies gilt natürlich auch für Erwachsene, auch sie stehen gelegentlich vor der Herausforderung, ihr Lebenskonzept zu verändern, insbesondere während einschneidender Lebenskrisen.

Inwiefern kann man von Bildungsprozessen von Eltern sprechen, zum Beispiel im Kontext einer Sozialpädagogischen Familienarbeit? Wenn wir uns die Interviewausschnitte von Frau Klinge (Fallbeispiel 4.1) nochmals in Erinnerung rufen, so lässt sich sagen, dass Frau Klinge sich aufgrund der Trennung und der Neugestaltung ihres Familienlebens, insbesondere durch das Hinzutreten eines neuen Partners in den Familienalltag, in einem intensiven Reflexionsprozess befindet. Dieser bezieht sich nicht nur auf die gegenwärtige und eine mögliche Familienfiguration in der Zukunft, sondern auch auf andere Dimensionen ihres Familienlebens. Sie reflektiert die unterschiedlichen und zum Teil gegensätzlichen Erziehungsvorstellungen, die zwischen ihr, dem Kindsvater und ihrem Freund zutage treten: Frau Klinge macht sich Gedanken über ihre Paarbeziehung im Hinblick auf Elternrollen, über die Aufgabenverteilung im Haushalt sowie über die Familienfürsorge und setzt sich dabei auch mit dem alltäglichen Zeitmanagement im Familienalltag auseinander. Im weitesten Sinne kann man auch hier von der Reflexion von Lebenskonzepten sprechen; im engeren Sinne geht es allerdings um die Auseinandersetzung mit Familienkonzepten – als Teil eines Lebenskonzepts.

Am Beispiel von Frau Klinge lässt sich zeigen, dass das Familienkonzept verschiedene »Alltagsdimensionen« umfasst: wie Erziehungskonzepte, Familienfürsorge, Arbeitsteilung im Elternsystem, familiales Zeitmanagement und die Familienfiguration. Die Reflexion des Familienkonzepts schließt darüber hinaus unterschiedliche biografische Zeitebenen ein, die aufeinander bezogen werden. Frau Klinge reflektiert in den Interviews und den Beratungsgesprächen die Familienfiguration, in der sie selbst aufgewachsen ist, und bezieht diese auf ihre gegenwärtige. Sie entwirft darüber hinaus eine zukünftige Familienfiguration, die sich von der gegenwärtigen unterscheidet.

Definition 5.1

Unter familienbezogenen Bildungsprozessen von Eltern sind Reflexionsprozesse zu verstehen, die zur Konstruktion und Veränderung von Familienkonzepten hinführen.

Definition 5.2

»Unter dem Begriff Familienkonzept verstehen wir [...] ein individuelles, mehr oder weniger klar strukturiertes Konglomerat bildhafter Deutungen und Vorstellungen von Familie, welche Familienmitglieder durch die Reflexion ihres Familienalltags sowie gesellschaftlich vermittelter Vorstellungen im Laufe ihres Lebens stetig weiterentwickeln. Familienbilder aus verschiedenen biographischen Phasen, Wunschbilder sowie vielfältige gesellschaftlich vermittelte Bilder werden in Familienkonzepten zueinander positioniert und bilden in ihrer Gesamtheit einen reflexiven Rahmen für die Gestaltung und (Re-)Organisation des Familienalltags« (Euteneuer/Uhlendorff 2020, S. 24).

Wir sprechen von Bildungsprozessen von Eltern unter der Voraussetzung der folgenden theoretischen Annahmen:

- Eltern verfügen über individuelle Familienkonzepte, die in Anlehnung an das Theorem Lebenswelt (Schütz/Luckmann 2003; siehe auch Definition 1.1) als Deutungshorizont für familiale Alltagspraxen, aber auch für die Deutung der eigenen Familienbiografie dienen.
- Bildungsprozesse werden durch Differenzerfahrungen, welche sich im Deutungshorizont der Eltern abzeichnen, ausgelöst. Differenzerfahrungen (vgl. Definition 2.6) bezeichnen Spannungen, Konflikte oder Irritationen, die ein Familienmitglied bei der Reflexion des Familienkonzeptes direkt oder indirekt beschreibt (verbal oder durch das Darstellen von Familienszenen). Differenzerfahrungen sind gleichsam der Motor für Veränderungsprozesse im Familienleben, insofern die Elternteile sich bemühen, sie im Hinblick auf ein gelungeneres Familienleben zu bearbeiten. Die Bearbeitung dieser Differenzerfahrungen führt zu Modifikationen bzw. Transformationen des Familienkonzeptes und mithin des Familienalltags. Die Annahme, dass Bildungsprozesse durch Differenzerfahrungen in Gang gesetzt werden und auf die Bearbeitung dieser Differenzerfahrungen ausgerichtet sind, findet sich in vielen erziehungswissenschaftlichen theoretischen Ansätzen, zum Beispiel bei Marotzki (1990, S. 156) sowie bei Winkler (2021). Differenzerfahrungen werden zu einem sozialpädagogischen Problem, wenn Eltern nicht in der Lage sind, sie zu lösen und um Unterstützung zu suchen.
- Wir gehen davon aus, dass sich in den Selbstdeutungen Differenzerfahrungen in unterschiedlichen Alltagsdimensionen abbilden

können (Euteneuer/Uhlendorff 2020, S. 204 ff.), wie zum Beispiel Erziehung, Familienfürsorge, Arbeitsteilung, Paarbeziehung, familiales Zeitmanagement und Familienfiguration. Differenzerfahrungen treten insbesondere bei lebenslaufbedingten Übergängen auf, wie zum Beispiel bei der Trennung und Reorganisation des Familienalltags, beim Übergang von Partnerschaft in Elternschaft oder bei der Ablösung der Kinder vom Elternhaus. In solchen lebenslaufbedingten Situationen verdichten sich Differenzerfahrungen auf mehreren lebensweltlichen Ebenen und fordern zu einer Veränderung des Familienkonzepts heraus.
- Die Bearbeitung familienkonzeptbezogener Differenzerfahrungen erfolgt auch in sozialpädagogischen Kontexten, wie zum Beispiel in der Familienbildung, der Erziehungsberatung oder der Sozialpädagogischen Familienhilfe. Die Auseinandersetzung mit Familienkonzepten führt dabei nicht nur zu einer Bewältigung von Problemlagen (z. B. durch eine Annährung des Gegenwarts- an das Zukunftsbild oder einer Angleichung interpersoneller Differenzen im Elternsystem), sondern auch zu darüber hinausreichenden Bildungsprozessen im Sinne von Um- bzw. Neubewertungen von Alltagserfahrungen, einer Integration von neuen Möglichkeiten sowie gegebenenfalls sogar einer Modifikation des gesamten Familienkonzeptes.

5.2 Frau Celik versucht ihr familiales Herkunftsmodell, mit dem sie aufgewachsen ist, an die gegenwärtige Lebenssituation anzupassen

Im Folgenden werde ich an einem Fallbeispiel zeigen, wie sich Bildungsprozesse von Eltern beschreiben lassen. Es handelt sich dabei um Frau Celik.[1] Wir haben Frau Celik im Rahmen unserer Familienlangzeitstudie zwei Mal im Abstand von sechs Monaten interviewt (vgl. hierzu

1 Bei der Interpretation, insbesondere der szenischen Familiendarstelllungen, folge ich Matthias Euteneuer (Euteneuer/Uhlendorff 2020, S. 184 ff.)

und im Folgenden Euteneuer/Uhlendorff 2020, S. 184 f.). Sie besuchte dieselbe Beratungsstelle wie Frau Klinge. Frau Celik wollte sich im Hinblick auf eine Tagesbetreuung für ihren Sohn beraten lassen. Ähnlich wie bei Frau Klinge ergab sich im Verlauf der Beratung eine komplexe Thematik, die in einer Folge von mehreren Beratungsgesprächen vertieft und bearbeitet wurde.

Fallbeispiel 5.1

Frau Celik wurde in Polen geboren und hat dort ihre Kindheit in einem Dorf verbracht. Im Alter von zehn Jahren ist sie gemeinsam mit ihrer sechs Jahre jüngeren Schwester und ihren Eltern nach Deutschland ausgewandert. Sie ist 34 Jahre alt. Mit ihrem Ehemann ist sie seit 18 Jahren zusammen und seit fünf Jahren verheiratet. Ihr Sohn ist vor einem Jahr zur Welt gekommen. Da Frau Celik und ihr Ehemann nach dem Studium nicht direkt eine Arbeitsstelle finden konnten, haben sie mit der Familiengründung gewartet. Frau Celik arbeitet als Betriebswirtin in einem Unternehmen. Aktuell befindet sie sich in Elternzeit. Ihr Ehemann ist kaufmännischer Angestellter. Die Familie lebt in einem Mehrfamilienhaus in einer Großstadt. Mit ihrer momentanen finanziellen Situation ist sie zufrieden: »Und jetzt merkt man halt, äh die Früchte daran, also es wird besser es wird immer besser ne«.

Ihr Mann unterstütze sie im Haushalt nach Beendigung seiner Arbeit und er beschäftige sich auch sehr intensiv mit Jonas. Frau Celik setzt sich sehr intensiv damit auseinander, wie eine aus ihrer Sicht »kindgerechte« Betreuung und Umgebung für ihren Sohn aussehen könnte. Sie ist sich unsicher, ob eine Betreuung in einer KiTa für die Entwicklung von Kleinkindern gut ist und fragt sich, welche Vorteile eine Tagesmutter hat. Eigentlich möchte sie bald wieder in den Beruf einsteigen, zumindest halbtags. Dann müsste Jonas betreut werden, aber sie weiß nicht, wann der richtige Zeitpunkt dafür ist. In dem Interview teilt sie mit, dass sie zwar mit ihrer Lebenssituation im Hinblick auf den Lebensstandard sehr zufrieden sei, dass ihr aber gegenwärtig vieles fehle:

»Was mir fehlt, was in meiner Kindheit war, dass wir äh in einem Haus gewohnt haben. Und das heißt, es war immer jemand da. Und jetzt bin ich hier alleine ne! Alle sind, äh sind berufstätich, alle sind mit sich beschäftigt. Und ich bin alleine sozusagen ne. Er [Jonas] hatte zum Beispiel vor drei Wochen 'n Wespenstich und in dem Moment äh wär schön, wenn jemand da gewesen wäre ne, dann war man alleine mit dem Problem. Genau das vermiss ich sehr, das zum Beispiel«.

Sie habe zwar einen sehr innigen Kontakt zu ihren Eltern und den ihres Ehemannes, allerdings seien sie alle berufstätig und hätten nur am Wochenende Zeit für ihren Enkelsohn.

»Also meine Eltern können mir nicht viel helfen. Also wir sind richtig unabhängig von denen. Also das ist die Sonntagsoma, ne, also dass man sich dann nur sonntags kurz sieht. Das ärgert mich sehr, aber ich kann das nicht ändern [...]. Ich wünschte mir, dass die [Großeltern] mehr Zeit mit meinem Sohn verbringen, aber das passiert in der Woche gar nicht. Wo er noch klein war, da kamen die dann schon alle drei Tage oder so kurz zu ihm, und jetzt ist das dann halt nicht mehr, weil die würden dann erst um sieben abends kommen oder halb acht, da mach ich ihn aber schon fertig fürs Schlafen, weil wir morgens früh raus müssen«.

Frau Celik bemüht sich, dass sowohl ihre Eltern als auch die ihres Mannes regelmäßig am Wochenende zusammenkommen und mit Jonas spielen.

Mit der Wohnsituation in einem Mehrfamilienhaus ist Frau Celik unzufrieden, weil sich die Mitbewohner im Haus von Jonas gestört fühlen, es fehle ein Garten und der nächste Spielplatz sei weit entfernt. Sie wünscht sich ein Umfeld, in dem ihr Kind auch mal laut sein kann. Im Grunde genommen möchte sie, dass ihr Sohn so ähnlich aufwächst wie sie selbst in Polen.

»Wir haben bei den Großeltern gewohnt im Haus [...]. Das heißt morgens ist mein Papa zur Arbeit, meine Mutter hatte auch eine Halbtags-

> stelle und ich war nicht in Betreuung, sondern ich war bei meiner Großmutter. Oder ich war draußen mit anderen Kindern zusammen. Wir haben immer zusammen Mittag gegessen, auch von der Schule, wenn ich zurückkam, dann war immer jemand zu Hause [...]. Die Urgroßmama war auch noch da, ein Onkel hat noch in dem Haus gelebt, also das Haus war immer voll«.

Trotz der Berufstätigkeit der Eltern, sei immer eine Person aus dem Familienkreis für sie da gewesen, insbesondere die Großmutter. Ihre Mutter sei, im Unterschied zu ihr, in eine Großfamilie eingebunden gewesen, die eine verlässliche Fürsorge für ihre Kinder erbringen und ihr so die Berufstätigkeit ermöglichen konnte.

> »Meine Mutter hatte immer, was hat sie mir gesagt? Hatte immer so einen Rückenschutz, heißt das. Dass da immer jemand da war, ne. Wenn sie das nicht schafft mit dem Mittag, dann ist ja sowieso was da, weil die Oma gekocht hat oder so [...]. Oder wenn sie grade mal vielleicht was machen musste, dann hat sie mich nach unten gebracht und die haben mit mir gespielt und, ne. Das war so selbstverständlich, sie hatte sich überhaupt keine Gedanken darüber gemacht, welche ich mir jetzt machen muss, ne«.

Frau Celik plant mit ihrem Mann den Kauf eines Hauses, sobald sie wieder arbeiten geht. Der Erwerb eines Einfamilienhauses ist mit dem Wunsch verbunden, ihrem Sohn die Freiheiten zu bieten, die Frau Celik als Kind auch hatte. Für die Zukunft wünscht sich Frau Celik ein zweites Kind.

Aus den Mitteilungen wird deutlich, dass die Frage nach der geeigneten Tagesbetreuung für Jonas nach dem Zeitpunkt des Wiedereinstiegs in den Beruf in den biografischen Kontext von Frau Celik eingebunden ist. Einen zentralen Bezugspunkt für ein aus ihrer Sicht glückliches Auswachsen von Kindern bilden ihre Kindheitserfahrungen in einem dörflichen und großfamilialen Milieu. Daran möchte sie ihr eigenes

Familienleben anknüpfen. Von daher ist ihr wenig gedient, wenn man ihr in einem Beratungsgespräch aus fachlicher Sicht die Vor- und Nachteile der Betreuung in einer KiTa oder in einer Tagespflege erläutern und dabei auf die Ergebnisse wissenschaftlicher Studien zurückgreifen würde. Auch wird man Frau Celik die Entscheidung nicht leichter machen, wenn man ihr mit Hinweis auf wissenschaftliche Untersuchungen sagen würde, dass sich eine U-3-Betreuung in der Regel nicht nachteilig auf die Entwicklung von Kindern auswirkt. Wenn, wie wir oben gesehen haben, die Aufgabe der institutionellen Kindertagesbetreuung unter anderem darin besteht, die Erziehung in der Familie zu unterstützen, dann sollte sie auf die Lebenswelt der Eltern abgestimmt sein. Oder anders ausgedrückt: sie sollte zu den Erziehungsvorstellungen, den Wert- und Normvorstellungen und den Lebenserfahrungen der Eltern passen. Die meisten Eltern setzten sich, so wie Frau Celik, sehr intensiv damit auseinander, was sie von einer Tagespflege erwarten und begeben sich auf die Suche nach einer KiTa oder Tagesmutter, die zu ihrem Kind (und im weitesten Sinne zu ihnen) passt. Bei Frau Celik ist diese Auseinandersetzung mit einem Bildungsprozess verbunden, den ich im Folgenden nachzuzeichnen versuche.

Ausgangspunkt der Analyse ihres Bildungsprozesses sind die Differenzerfahrungen von Frau Celik. Sie werden in dem Interview thematisiert und treten noch deutlicher zutage, wenn Sie sich die Familienszenen ansehen, die bei dem Familienszenario entstanden sind.

Übung 5.1

Bevor Sie weiterlesen: Vergleichen Sie das Zukunftsbild (Abbildung 5.3) mit dem Vergangenheitsbild (Abbildung 5.2). Was haben die beiden Darstellungen gemeinsam? Wo zeigen sich Unterschiede? Versuchen Sie die Differenzerfahrungen (vgl. Definition 2.6) herauszuarbeiten.

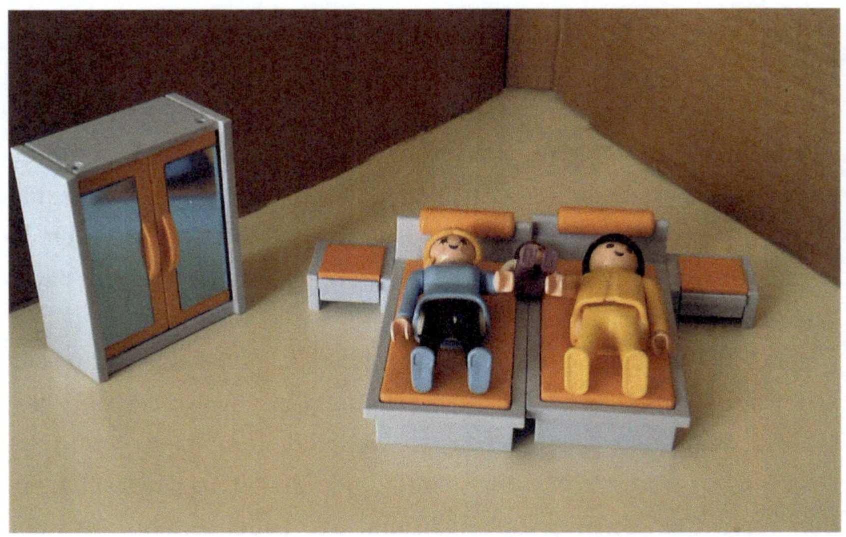

Abb. 5.1: Gegenwartsbild von Frau Celik: gemeinsames Toben im Bett am Wochenende • Von links: Frau Celik, Sohn, Ehemann © Playmobil

Abb. 5.2: Vergangenheitsbild von Frau Celik: Frau Celik (auf der Schaukel) spielt mit anderen Kindern im Dorf in Polen © Playmobil

Abb. 5.3: Zukunftsbild von Frau Celik: gemeinsames Spiel der Eltern mit den Kindern im eigenen Garten (mittlerweile haben sie ein zweites Kind) • Von links: Herr Celik, Kinder, Frau Celik. Das Haus im Vordergrund steht als Symbol für das Einfamilienhaus, das die Familie in der Zukunft erworben hat © Playmobil

Auffällig ist, dass sich Zukunfts- und Herkunftsbild ähneln. Bei beiden steht eine Schaukel im Zentrum und es handelt sich um eine Szene im Freien. Allerdings werden ganz unterschiedliche Figurengruppen, wie durch die Kommentare von Frau Celik deutlich wird, in verschiedenen Umgebungen dargestellt. In der Herkunftsszene (Abbildung 5.2) spielt Frau Celik mit anderen Nachbarskindern und wird dabei von ihren Haustieren begleitet. Sie befindet sich dabei nicht nur im Bildmittelpunkt, sondern auch im Zentrum der szenischen Choreographie (sie wird z. B. von allen Kindern sowie einer Tierfigur angeschaut). Die anderen Kinder, das Schaukelgerüst, die Reifenschaukel sowie die Tiere rahmen sie beschützend ein, was als Ausdruck sozialer Einbindung und eines sicheren Aufgehoben-Seins begriffen werden kann. Die Szene spielt sich, laut ihrer Kommentierung, im Dorf in der Nähe ihres Wohnhauses ab. Die Haustiere verweisen auf die gleichzeitige An- und Abwesenheit der fürsorglichen Großfamilie, die den Hintergrund für die dargestellte kindliche Autonomie bietet. Frau Celik kommentiert die Szene so:

> »Wir haben vielen draußen gespielt. Da war kein Erwachsener mit dabei (lacht). Die haben dann immer aus dem Fenster geschrien, dass wir nach Hause kommen sollen [...]. Wir waren halt immer in der Nähe«.

In der Zukunftsszene (Abbildung 5.3) fehlen die begleitenden und integrierenden Elemente der Herkunftsszene, nämlich die Kinder aus der Nachbarschaft sowie die Haustiere. Diese werden durch andere ersetzt: Zum einen durch das Spielzeughaus im Vordergrund, welches das Eigenheim repräsentieren soll, sowie zum anderen durch die Elternfiguren, welche das kindliche Spiel fürsorglich überwachen. Damit bringt Frau Celik eine für sie bedeutsame Differenzerfahrung zum Ausdruck, mit der sie sich auch im Interview auseinandersetzt. Die Rahmenbedingungen ihrer Kindheit waren durch eine dörfliche Umgebung geprägt, die ein fürsorglich-schützendes und Autonomie ermöglichendes Aufwachsen ermöglichten. Diese Bedingungen sind in ihrer derzeitigen Wohnumgebung in dem Großstadtmilieu nicht realisierbar. Es gibt zwar öffentliche Räume in einer Großstadt, wo Kinder spielen können, aber nicht ungeschützt durch Erwachsene.

Wirft man einen Blick auf die Gegenwartsszene (Abbildung 5.1), so scheint dies aktuell noch kein Problem zu sein. Im Unterschied zu den anderen beiden Bildern wird hier ein Kleinkind (ihr Sohn im Alter von einem Jahr) dargestellt, das mit den Eltern tobt, wie sie im Interview sagt. Die Herausforderung besteht für sie darin, für die Zukunft, wenn das Kind laufen kann, ein Äquivalent zu finden für das verlorengegangene dörfliche Milieu. Einen Ersatz sieht sie im Eigenheim mit Garten und einem zweiten Kind, das gleichzeitig ein Spielgefährte für Jonas sein soll. Der Bildungsprozess von Frau Celik, der in ihren Reflexionsprozessen im Interview und beim Familienszenario zum Ausdruck kommt, besteht darin, die Grundelemente ihres Herkunftsmodells weiterzuführen und an die veränderten Lebensbedingungen anzupassen. Dabei handelt es sich um folgende Aspekte:

- Beide Elternteile von Frau Celik waren während ihrer Kindheit berufstätig. Frau Celik befindet sich in Elternzeit und will wieder in den Beruf einsteigen.
- Frau Celik ist in einer Großfamilie groß geworden, sie bemüht sich darum, das zumindest am Wochenende die Großfamilie (Großelternpaare, Geschwister von Herrn und Frau Celik) zusammenkommen.
- Sie ist in einem dörflichen Milieu aufgewachsen, wo sie sich als Kind frei bewegen und spielen konnte. Ihr ist bewusst, dass sie dies nicht ersetzen kann, aber erhofft sich zumindest, dass der Garten ihres zukünftigen Einfamilienhauses dies kompensieren wird.
- Frau Celik wurde als Kind während der Arbeitszeiten ihrer Mutter von der Großmutter betreut. Sie kann sich für die Betreuung von Jonas am ehesten eine Tagesmutter vorstellen. Sie ist sich diesbezüglich noch nicht sicher.

Der letzte Aspekt stand zwar im Zentrum der Beratung, dennoch wurden die anderen Gesichtspunkte ebenfalls aufgegriffen: zum Beispiel wollte Frau Celik den zeitlichen Umfang ihrer zukünftigen Berufstätigkeit klären, da letztere einen Einfluss auf die Betreuungszeiten hat. Es fanden mehrere Beratungsgespräche statt. Herr Jung, der die Beratung durchgeführte, hat Frau Celik zu einer Suchbewegung angeregt: Es stellte ihr die Aufgabe, mehrere Kindertageseinrichtungen, Großtagespflegestellen und verschieden Tagesmütter zu besuchen. Dort sollte sie sich in die Rolle als Kind zurückversetzen und das Geschehen beobachten. Außerdem regte er sie an, nicht nur mit dem Personal Gespräche zu führen, sondern auch mit den Eltern und den Kindern. Frau Celik hat sich auf den Vorschlag eingelassen und wichtige Entscheidungen gefällt.

Fallbeispiel 5.1 (Fortsetzung)

In dem Zweitinterview teilt uns Frau Celik folgendes mit: Sie habe eine ältere Tagesmutter gefunden, die auch einen größeren Garten habe, sodass Jonas mit den anderen Kindern Platz zum Spielen finde. Frau Celik ist mittlerweile wieder in ihren Beruf eingestiegen (halbtags) und hat die Möglichkeit, an mehreren Wochentagen von zu Hause aus zu arbeiten und so, trotz Arbeit, nah bei ihrem Kind zu sein.

> »Ich bleib zu Hause, muss nicht mehr pendeln, bin immer noch am Arbeiten, mein Sohn ist in der Betreuung, ich bin in der Nähe, ich glaub was Schöneres, als zu Hause zu arbeiten mit Kind, kann man sich im Moment nicht vorstellen«

Frau Celik sei sehr zufrieden mit der Tagesmutter und Jonas fühle sich dort sehr wohl. Die Familie wohnt immer noch in derselben Wohnung, sie spare aber für ein Eigenheim. Mit der Wohnumgebung sei sie nach wie vor unzufrieden, auch mit der Situation, dass die Großeltern wenig Zeit für Jonas haben. Die Wochenendbesuche seien weniger geworden, was sie sehr schade finde. Allerdings verbringen sie gelegentlich den Sonntagnachmittag auf einem Kinderbauernhof, dort könne Jonas Tiere streicheln. Sie hoffe, dass Jonas dort auch während der Woche bereut werden könne, wenn er größer sei.

Übung 5.2

Was ist ein Kinderbauernhof? Machen Sie dazu eine kleine Internetrecherche.

Die Suche nach Äquivalenten für die Betreuung durch die Großmutter und für das Aufwachsen in einem ländlichen Milieu waren bei der Familie Celik erfolgreich.

5.3 Typische Bildungskonstellationen von Eltern

Das Fallbeispiel der Familie Celik zeigt, dass familienkonzeptbezogene Bildungsprozesse in bestimmte biografische und alltagsweltliche Strukturen eingebunden sind und in ihrer Komplexität eine Bildungskonstellation ergeben. Darum soll es nun im Folgenden gehen.

Definition 5.3
Unter »Bildungskonstellation« wird ein Bündel von Differenzerfahrungen verstanden, das sich im Deutungshorizont des jeweiligen Elternteils abbildet und seine Bildungsprozesse im Hinblick auf eine Veränderung des Familienalltags antreibt. Eine Bildungskonstellation bildet gleichsam den Orientierungsrahmen, in dem sich die familienkonzeptbezogenen Reflexionen abspielen.

In unserer Familienuntersuchung konnten wir unterschiedliche Bildungskonstellationen herauskristallisieren. Ausgangspunkt der Typenbildung war die theoretische Annahme, dass sich die Differenzerfahrungen auf der biografischen Ebene, der normativen oder interaktiven Ebene (im Elternsystem) bündeln. Insgesamt ließen sich sechs Bildungskonstellationen typisieren (vgl. Euteneuer/Uhlendorff 2020, S. 167 ff.).

Bildungskonstellation 1: Adaption des Herkunftsmodells an veränderte Lebenslagen

Innerhalb dieser Bildungskonstellation konzentrieren sich die Differenzerfahrungen vorwiegend im biografischen Erfahrungsraum, und zwar bezogen auf familiale Herkunfts-, Gegenwarts- und Zukunftsbilder. Das »Familienprojekt« der Elternteile besteht darin, das Familienmodell, mit dem sie aufgewachsen sind und das sie im Nachhinein als positiv für die Entwicklung der Kinder bewerten, weiterzuführen. Das Herkunftsbild ist überwiegend geprägt durch einen sehr fürsorglich ausgeprägten familialen Lebensstil, der den Kindern viele Freiräume in einem überschaubaren sozialen Nahraum (zumeist in einem ländlichen Milieu) ermöglichte. Zugleich war die Herkunftsfamilie in ein sozial verlässliches soziales Netzwerk eingebunden, das aus Verwandten (z. B. Großeltern), Freund*innen und Nachbar*innen bestand. Die Differenzerfahrungen beziehen sich darauf, dass die Weiterführung des Herkunftsmodells aufgrund veränderter Lebenslagen erschwert wird. Ursache dafür sind im Wesentlichen räumliche Mobilität (Migration, Verlegung des Wohnsitzes von einer ländlichen in eine städtische Region) oder ein sozialer Abstieg.

Die Bildungsprozesse konzentrieren sich hier auf die Adaption des Herkunftsmodells an die gegenwärtigen strukturellen Lebensbedingungen der Familie, was sich aber schwierig gestaltet. Die Reflexion und Bearbeitung der Differenzerfahrungen beziehen sich im Wesentlichen auf eine oder mehrere der im Folgenden genannten Alltagsdimensionen:

- Der Bereich der Arbeitsteilung.
- Die zeitliche Organisation des Familienalltags, da beide Eltern sich mehr oder weniger zur Vollerwerbsarbeit gezwungen sehen und dadurch weniger Zeit für die Kinder aufbringen können als gewünscht und zudem die im Herkunftsmodell gelebte traditionelle Arbeitsteilung im Elternsystem infrage gestellt ist.
- Das Erziehungskonzept, mit dem die Eltern selbst aufgewachsen sind – welches kindliche Autonomie in einem behüteten Wohnumfeld zuließ und sich durch eine begrenzte elterliche Kontrolle auszeichnete –, lässt sich im städtischen Milieu nicht realisieren.
- Es fehlt die soziale Einbindung der Kernfamilie in erweiterte familiale oder nachbarschaftliche Netzwerke mit der Folge, dass den Kindern aus Sicht der Eltern zusätzliche Bezugspersonen (wie z. B. Großeltern) fehlen.

Die Bildungsprozesse der Eltern sind durch die Suche und Realisierung »funktionaler Äquivalente« gekennzeichnet; so sollen zum Beispiel die durch eine Familienbildungsstätte vermittelten »Adoptivgroßeltern« oder eine ältere Tagesmutter den nicht so intensiven Kontakt zu den tatsächlichen Großeltern kompensieren; der Garten in einer Schrebergartensiedlung soll das Aufwachsen in einer behüteten ländlichen Umgebung ersetzen oder ein Kinderbauernhof in der Wohnsiedlung den Kindern Erfahrungsräume bieten, die denen der Eltern in ihren Herkunftsmilieus ähneln. Ein Beispiel für diese Bildungskonstellation ist Frau Celik.

Bildungskonstellation 2: Erzwungene Abwendung vom Herkunftsmodell

Wo die oben genannten Adaptionen den Eltern nicht gelingen, haben wir es mit einer Bildungskonstellation zu tun, in welcher die gewünschte Fortführung des Herkunftsmodells blockiert ist und zu einer Neuorientierung herausfordert. Differenzerfahrungen und damit einhergehende Konfliktlinien ergeben sich sowohl auf der biografischen als auch auf der interaktiven Ebene. Die familienkonzeptbezogenen Orientierungsmuster, die auf einem frühen biografischen Sockel aufruhen und in die gegenwärtige Gestaltung des Familienalltags eingebracht werden, stoßen mehr oder weniger auf Ablehnung eines oder sogar mehrerer Familienmitglieder. Die Differenzerfahrungen ergeben sich aus einem Kontrast zwischen Herkunftsbild und Gegenwartsbild sowie zwischen dem eigenen Familienkonzept und dem signifikanter Anderer, insbesondere des anderen Elternteils: »Das Familienmodell, mit dem ich aufgewachsen bin, lässt sich in meiner Familie nicht weiterführen, da mein*e Partner*in bzw. meine Kinder andere Vorstellungen von Familie haben«.

Die Konfliktlinien konzentrieren sich auf drei Alltagsdimensionen: auf die Paarbeziehung, die Arbeitsteilung im Elternsystem und die Erziehung der Kinder. Konventionelle Vorstellungen von häuslicher Arbeitsteilung bzw. die Auffassung der Hauptverantwortlichkeit der Frau für Haushalt und Erziehung prallen auf egalitäre Konzepte des anderen Elternteils. Aber auch intergenerationale Konflikte, bei denen traditionell geprägte Erziehungsvorstellungen der Eltern mit konträren Erwartungen der Kinder zusammenstoßen, können zu einer Abwendung von dem vom Herkunftsmilieu geprägten Familienkonzept führen. Die Bildungsprozesse beziehen sich auf die Hereinnahme der Perspektiven der anderen Familienmitglieder in den eigenen Deutungshorizont sowie auf die Antizipation bzw. das Ausloten von Kompromissen durch wechselseitige Perspektivenübernahme und die Entwicklung von tragfähigen familialen Zukunftsbildern, in denen sich Schnittmengen mit denen der anderen Familienmitglieder ergeben.

Bildungskonstellation 3: Abarbeiten am/Transformation des Herkunftsmodells

Auch diese Bildungskonstellation ist wie die beiden anderen biografisch angelegt. Das heißt, das Herkunftsmodell und die Frage nach dessen Weiterführung im eigenen Familienleben bilden den Referenzpunkt der Bildungsprozesse. Allerdings wird es im Unterschied zu den ersten beiden Bildungskonstellationen im Wesentlichen negativ gedeutet. Aus der Sicht der Interviewten kamen ihre Bedürfnisse während ihrer eigenen Kindheit zu kurz. Zum Beispiel erlebten sie sich während ihrer Kindheit aufgrund des Vollerwerbs beider Elternteile als vernachlässigt oder aufgrund des Allein-Gestellt-Seins im Tagesablauf überfordert. Wieder andere Eltern wuchsen in einem Elternhaus mit traditioneller Arbeitsteilung auf (Vollerwerb des Vaters und Hausfrauenrolle der Mutter) und erlebten ein konfliktbelastetes Familienklima, das auf Spannungen im Elternsystem, insbesondere auf die Unzufriedenheit der Mutter mit dem Partner und ihrer Rolle als Hausfrau, zurückgeführt wird.

Andere wiederum erlebten einen ambivalenten Erziehungsstil in ihrer Kindheit und vermissten gemeinsame Familienzeiten. Die Dynamik der Bildungsprozesse speist sich aus dem Vorsatz der Eltern, vieles, was sie in der eigenen Herkunftsfamilie erlebt haben, besser zu machen als ihre eigenen Eltern. Sie arbeiten sich gleichsam an den Herkunftsbildern ab und streben eine Transformation auf mehreren Alltagsebenen an, die ihnen aber noch nicht zufriedenstellend gelungen ist. Einige stellen an sich ähnliche Verhaltensweisen fest, die sie von ihren Eltern kennen. Anderen fehlen die strukturellen Voraussetzungen zur Realisierung ihrer Zukunftsbilder (z. B. aufgrund des Fehlens einer flexiblen Tagesbetreuung). Die Differenzerfahrungen ergeben sich hier insbesondere zwischen dem Herkunftsbild und dem Zukunftsbild, und zwar in erster Linie in den Alltagsdimensionen Arbeitsteilung und Kindererziehung, aber auch im Bereich des familialen Zeitmanagements, der Selbst- und Familienfürsorge und innerhalb der Paarbeziehung.

Bildungskonstellation 4: Auseinandersetzung mit gesellschaftlichen Leitbildern

Im Unterschied zu den ersten drei Bildungskonstellationen lokalisieren sich die Differenzerfahrungen hier weniger auf der biografischen oder auf der interaktiven, sondern auf einer normativen Ebene. Die Elternteile sind bemüht, die »neuen« gesellschaftlichen Leitbilder von Familie, insbesondere von Väter- und Mütterrollen, umzusetzen. Hier spielen typische, überwiegend mittelschichtspezifische normative Vorstellungen von Elternrollen, Arbeitsteilung und Erziehung eine zentrale Rolle, die in den Medien mit Schlagwörtern wie »neue Väter«, »berufstätige Mütter« oder »egalitäre Arbeitsteilung« Verbreitung finden. In den von uns untersuchten Familien folgen zumeist beide Elternteile den von außen gesetzten gesellschaftlichen bzw. schichtspezifischen normativen Leitbildern, allerdings tragen sie oft nicht gleich viel zu deren Realisierung bei. Die Differenzerfahrungen treten auf, da es den Eltern nicht oder nur partiell gelingt, die verinnerlichten und als subjektiv hoch bedeutsam angesehenen normativen Erwartungen zu verwirklichen. Wir fanden diese Bildungskonstellation hauptsächlich bei Familien mit einer sozialstrukturell-biografisch gekennzeichneten sozialen Aufstiegsmobilität.

Zentrale Reflexionsthemen bilden nicht nur moderne Leitbilder von Elternrollen und Eltern-Kind-Beziehungen, sondern auch die Vereinbarkeit von beruflichen Selbstverwirklichungsansprüchen und Familienleben, die Gleichgewichtung von Paarintimität und Elternfunktionen oder die Entfaltung persönlicher Autonomie neben und in der Familie. Die Bildungsprozesse verlaufen ganz unterschiedlich: Einige Eltern versuchen die Leitbilder an ihre Lebenslage zu adaptieren, im Sinne einer pragmatischen Neugewichtung der oftmals sehr umfassenden normativen Ansprüche. Andere Eltern wenden sich nach längeren

Auseinandersetzungsprozessen von den Leitbildern ab. Sie distanzieren sich nicht nur von den darin enthaltenden Normen, sondern wenden sich im Sinne einer »Retraditionalisierung« (Schulz/Blossfeld 2006) konventionellen Geschlechterrollen zu und entwickeln für sich neue Wertbezüge. Die Bildungskonstellation wird in diesem Fall völlig aufgegeben.

Bildungskonstellation 5: Basalen normativen Fürsorge- und Erziehungserwartungen gerecht werden

Ähnlich wie bei der letzten Bildungskonstellation spielen sich auch hier die Differenzerfahrungen und Konflikte in erster Linie auf einer normativen Ebene ab. Allerdings kristallisieren sie sich, im Unterschied zur letzten Konstellation, in erster Linie in der Alltagsdimension Selbst- und Familienfürsorge. Im Zentrum stehen nicht »neue Familienbilder«, sondern das Bestreben, basalen gesellschaftlichen Fürsorge- und Erziehungserwartungen gerecht zu werden.

Die Konflikte ergeben sich zum einen daraus, dass sich die Interviewten in ihrer Selbstwirksamkeit in der Elternrolle eingeschränkt sehen und sich deshalb im Familienalltag überfordert fühlen (was zu zermürbenden Selbstvorwürfen führt). Bei einigen ergeben sich Spannungen, weil ihre Familienfürsorge nicht den Vorstellungen von Fachkräften normativ-regulierender gesellschaftlicher Relevanzsysteme (Jugendamt, Familiengericht) entsprechen. Im Unterschied zu den anderen Bildungskonstellationen bietet das Herkunftsmodell den Eltern keine Anknüpfungspunkte für die Entfaltung eines fürsorglichen Familienlebens, da es durch Kindesvernachlässigung und Missbrauch geprägt ist. Die Interviewten blicken auf eine psychisch sehr belastende Biografie zurück. Die Bildungsprozesse konzentrieren sich hier auf die Entwicklung und Realisierung von Konzepten der Selbst- und Familienfürsorge, die für die Eltern und Kinder befriedigend und für die Vertreter*innen der normativen Relevanzsysteme akzeptabel sind.

Bildungskonstellation 6: Familienfigurationen als Bildungsherausforderung

Die Differenzerfahrungen entfalten sich bei dieser Bildungskonstellation vorrangig auf der normativen sowie auf der interaktiven Ebene und sind überwiegend in der Alltagsdimension Familienfiguration verortet. Es handelt sich um Eltern, die sich nach Trennung und Scheidung in einem Übergangsprozess familialer Reorganisation befinden. Die derzeitige Familienfiguration wird als unbefriedigend erlebt und weicht aus ihrer Sicht von den gesellschaftlich-normativen Vorstellungen einer konventionellen bürgerlichen Kleinfamilie (Eltern-Kind-Triade in einem gemeinsamen Haushalt) ab. Im Zentrum der Reflexionen stehen der Entwurf und die Realisierung einer neuen Familienfiguration angesichts eines unvermeidlichen Bruchs mit dem klassischen Kleinfamilienmodell. Ein zusätzliches Konfliktpotenzial speist sich zum Teil daraus, dass die Elternteile unterschiedliche Erwartungen im Hinblick auf die Neuorganisation der Familienfiguration haben.

In den Bildungsprozessen geht es also nicht nur um die Gestaltung einer Familienfiguration jenseits klassisch-triadischer Figurationen in Auseinandersetzung mit normativen gesellschaftlichen Erwartungen, sondern auch um das Aushandeln eines Familienkonzeptes unter der Hereinnahme der Wünsche und Erwartungen der anderen Familienmitglieder. Bei den Bildungsprozessen lassen sich drei gewünschte oder zum Teil schon realisierte Transformationspfade im Sinne einer familialen Neufiguration unterscheiden: Einige Eltern halten an dem konventionellen, normativ-triadischen Familienmodell fest und streben eine Stiefelternfamilie oder eine Ko-Elternschaft mit zwei Haushalten an. Andere brechen selbstbewusst mit dem Kleinfamilienmodell und entfalten eine dyadische Eltern-Kind Figuration, die in ein unterstützendes Netzwerk bestehend aus Großeltern und Freunden eingebunden ist. Eine andere Gruppe versucht eine komplexe Familienfiguration mit multipler Elternschaft jenseits der Triade zu realisieren.

5.4 Zusammenfassung

In diesem Kapitel haben Sie ein weiteres Handlungsfeld Sozialpädagogischer Fallarbeit kennengelernt, bei der es um die Begleitung von Bildungsprozessen von Eltern geht. Bildung wurde hierbei definiert als Reflexion und Veränderung von subjektiven Familienkonzepten durch die Eltern. Letztere spielen eine zentrale Rolle bei der Organisation des Familienalltags. Familienkonzepte setzen sich aus unterschiedlichen Familienbildern zusammen: dem Herkunftsbild, Gegenwartsbild und Zukunftsbild. Außerdem umfassen sie unterschiedliche Alltagsdimensionen, wie zum Beispiel Kindererziehung, Familienfürsorge, Zeitmanagement, Arbeitsteilung, Paarbeziehung und die Familienfiguration.

Eltern reflektieren und verändern im Lauf der Familienbiografie, insbesondere bei Übergängen, ihre Familienkonzepte. In diesem Kontext kann von Bildungsprozessen gesprochen werden. Sie werden angetrieben durch bestimmte Differenzerfahrungen. Diese können sich im Hinblick auf ihre familialen Vergangenheits-, Gegenwarts- und Zukunftsbilder oder hinsichtlich gesellschaftlich normativer Erwartungen abzeichnen. Auch zwischen den Familienvorstellungen der Eltern können sich Diskrepanzen abzeichnen. Meistens sind die Eltern in der Lage, ihre Differenzerfahrungen selbstständig zu lösen. Manchen gelingt dies nicht. Die Unterstützung von Bildungsprozessen bildet daher ein zentrales Handlungsfeld der Sozialpädagogischen Fallarbeit, zum Beispiel in der Familien- und Erziehungsberatung, der Sozialpädagogischen Familienhilfe oder der Heimerziehung. Ausgangspunkt der Fallarbeit ist die gemeinsame Analyse der Differenzerfahrungen der Eltern in fragend-erörternden Gesprächen zwischen Berater*in und dem Elternteil. Oftmals ergeben sich ganze Bündel von Differenzerfahrungen, die in der erziehungswissenschaftlichen Familienforschung als Bildungskonstellationen bezeichnet werden. Insgesamt lassen sich sechs solcher Konstellationen unterscheiden. Die Kenntnis dieser Bildungskonstellationen ermöglicht es den Fachkräften, die Eltern zu entsprechenden Suchbewegungen anzuregen.

Aufgaben zur Selbstüberprüfung

Aufgabe 5.1
Rufen Sie sich das Fallbeispiel 4.1 (Familie Klinge) in Erinnerung. In welcher Bildungskonstellation befindet sich Frau Klinge?

Aufgabe 5.2
Mit welche Differenzerfahrungen hat Frau Klinge es im Wesentlichen zu tun?

Aufgabe 5.3
Worin besteht ihre Suchbewegung? Wodurch wird die Suchbewegung von der Beraterin unterstützt?

6 Schlussbetrachtung

In diesem Lehrbuch haben Sie vier wichtige Handlungsfelder der Sozialpädagogischen Fallarbeit kennengelernt. Jedem liegt ein spezifischer Aufgabenkomplex zugrunde.

1. *Bildungsprozesse von Kindern und Jugendlichen erkennen und begleiten:* Jugendliche und junge Volljährige stehen vor der Herausforderung, Lebenskonzepte zu entwickeln, die für sie und für andere akzeptabel sind. An dem Fallbeispiel 2.1 aus der Straßensozialarbeit haben Sie gelernt, dass sich hierbei Bildungsprozesse abspielen, die nicht nur auf die Entwicklung von Ausbildungsperspektiven ausgerichtet sind, sondern auch Partnerschaftskonzepte und Lebensstilfragen umfassen. Die Bildungsprozesse sind insofern tiefgreifend, als sie zur Veränderung bestehender und zur Entwicklung neuer tragfähigerer Lebenskonzepte führen. Anhand des Fallbeispiels haben Sie Beratungsmethoden kennengelernt, mittels derer Bildungsprozesse im Rahmen der Sozialpädagogischen Fallarbeit vorangetrieben werden können. Es handelt sich dabei um das fragend-erörternde und das fragend-begleitende Gespräch.
2. *Erziehungsprozesse unterstützen:* An dem Fallbeispiel 3.1 haben Sie erfahren, dass Erziehung als ein wechselseitiges Interaktionsgeschehen zwischen Eltern und Kindern zu verstehen ist. Eltern konfrontieren Kinder oder Jugendliche mit Verhaltenserwartungen, jedoch stellen letztere diese gelegentlich infrage, was zu Konflikten führen kann. Gelungene Erziehung setzt voraus, dass Eltern bereit sind, ihren Kindern Verhandlungsspielräume zuzugestehen und dass beide Seiten die entsprechenden kommunikativen Kompetenzen haben, um Kompromisse auszuhandeln. Sozialpädagogische Fallarbeit unterstützt Eltern und Kinder dabei, derartige Erziehungskonflikte zu lösen und sich entsprechende Kompetenzen anzueignen. Außerdem motiviert sie sowohl Eltern als auch Kinder,

sich neuen Entwicklungsaufgaben zu stellen und diese zu bewältigen. Sie haben in diesem Lehrbuch eine Übersicht von typischen Entwicklungsaufgaben von Kindern und Jugendlichen bekommen und sind in der Lage, diese als diagnostischen Zugang bei der Sozialpädagogischen Fallarbeit anzuwenden.

3. *Familienübergänge begleiten:* Mittlerweile wird in Deutschland jede dritte Ehe geschieden. Die Zahl der Alleinerziehenden ist in den letzten Jahrzehnten deutlich angestiegen. Eltern stehen dabei vor der Aufgabe, Familienübergänge zu gestalten und ihre Familienfiguration zu reorganisieren. Anhand des Fallbeispiels 4.1 konnten Sie nachvollziehen, dass Alleinerziehende bei diesem Prozess unterschiedliche Familienfigurationen in Betracht ziehen und ihre bisherigen familialen Orientierungsmuster infrage stellen. Ein bedeutsames Handlungsfeld Sozialpädagogischer Fallarbeit besteht darin, die familienübergangsbezogenen Reflexionsprozesse der Eltern und Kinder zu begleiten und zu familienfigurativen Suchbewegungen anzuregen. Sie haben zwei visualisierende Methoden kennengelernt, die sich hierfür anbieten: das Familienszenario für Eltern und die Tierfamilie für Kinder. Professionelle Sozialpädagogische Fallarbeit mit Familien setzt ein Wissen von unterschiedlichen Familienfigurationen und den ihnen zugrundeliegenden Orientierungsmustern voraus. Mithilfe des Lehrbuches konnten Sie sich dieses Wissen aneignen, sodass es Ihnen gelingen wird, dieses in der Sozialpädagogischen Fallarbeit bei der Begleitung von Familienübergängen anzuwenden.
4. *Bildungsprozesse von Eltern begleiten:* Auch die Bildungsarbeit mit Eltern ist ein Handlungsfeld Sozialpädagogischer Fallarbeit. Sozialpädagog*innen unterstützen Eltern, tragfähige Familienkonzepte zu entwickeln, aber auch, wie Sie an dem Fallbeispiel 5.1 sehen konnten, auf veränderte Lebenslagen anzupassen. Hierbei spielt die Auseinandersetzung mit dem familialen Herkunftsmodell, den gegenwärtigen und gewünschten Familienbildern eine zentrale Rolle. Die Methode des Familienszenarios unterstütz die Eltern dabei, sich diese Bilder selbst vor Augen zu führen und ihre Familienkon-

zepte neu auszuloten. Es zeigte sich, dass die Eltern vor komplexen Herausforderungen stehen, die Bildungskonstellationen genannt werden. Sechs solcher Bildungskonstellationen konnten Sie sich aneignen.

Mit dem Wissen über die vier Handlungsfelder, den Methoden und den unterschiedlichen Typologien haben Sie sich die Grundlagen für eine professionelle Sozialpädagogische Fallarbeit geschaffen. Ich wünsche Ihnen viel Erfolg bei der praktischen Umsetzung.

Literatur

Benner, D. (2003): Wilhelm von Humboldts Bildungstheorie. Eine problemgeschichtliche Studie zum Begründungszusammenhang neuzeitlicher Bildungsreform. 3., erweiterte Auflage. Weinheim/München: Juventa

Bohnsack, R. (2003): Rekonstruktive Sozialforschung. Einführung in qualitative Methoden. 5. Auflage. Opladen/Farmington Hills: Barbara Budrich

Brem-Gräser, L. (2006): Familie in Tieren – die Familiensituation im Spiegel der Kinderzeichnung. 9. Auflage. München: Ernst Reinhardt.

Cinkl, S./Uhlendorff, U. (2021): Sozialpädagogische Familiendiagnosen. Deutungsmuster familiärer Belastungssituationen und erzieherischer Notlagen in der Jugendhilfe. 3., überarbeitete und erweiterte Auflage. Weinheim/Basel: Beltz Juventa

Ecarius, J. (2002): Familienerziehung im historischen Wandel. Opladen: Leske + Budrich

Ecarius, J./Berg, A./Serry, K./Oliveras, R. (2017): Spätmoderne Jugend – Erziehung des Beratens – Wohlbefinden. Wiesbaden: Springer VS

Elias, N. (1971): Was ist Soziologie? München: Juventa

Equit, C. (2011): Gewaltkarrieren von Mädchen. Der »Kampf um Anerkennung« in biografischen Lebensverläufen. Wiesbaden: VS Verlag für Sozialwissenschaften

Equit, C./Euteneuer, M./Uhlendorff, U. (2022): Single mothers figuring out their future family life – understanding family development after separation and divorce drawing upon the concept of configuration. In: Social Work & Society 20 (1)

Euteneuer, M./Schwabe, M./Uhlendorff, U./Vust, D. (2020): Die Systemische Interaktionstherapie und Beratung in den Erziehungshilfen. Theorie und Praxis eines elternaktivierenden Ansatzes. Weinheim/Basel: Beltz Juventa

Euteneuer, M./Uhlendorff, U. (2020): Familie und Familienalltag als Bildungsherausforderung. Weinheim/Basel: Beltz Juventa

Gerarts, K. (2015): Familiäre Erziehung aus Kindersicht. Wiesbaden: Springer VS

Graf, M. A. (1996): Mündigkeit und soziale Anerkennung. Weinheim/München: Juventa

Grunow, D./Schulz, F./Blossfeld, H.-P. (2007): Was erklärt die Traditionalisierungsprozesse häuslicher Arbeitsteilung im Eheverlauf: soziale Normen oder ökonomische Ressourcen? In: Zeitschrift für Soziologie 36 (3). Stuttgart: Lucius & Lucius, S. 162–181

Grunwald, K./Thiersch, H. (2004): Praxis Lebensweltorientierter Sozialer Arbeit – Handlungszugänge und Methoden in unterschiedlichen Arbeitsfeldern. Weinheim/München: Juventa

Havighurst, R. J. (1972): Developmental Tasks and Education. 3. Auflage. New York: McKay

Kaiser, Y. (2011): Jugendhilfe und Bildung. Rekonstruktion von Bildungsprozessen in einem Projekt für Schulverweigerer. Wiesbaden: VS Verlag für Sozialwissenschaften

Kegan, R. (1991): Entwicklungsstufen des Selbst. Fortschritte und Krisen im menschlichen Leben. 2. Auflage. München: Kindt

Koller, H. C. (1999): Bildung und Widerstreit. Zur Struktur biographischer Bildungsprozesse in der (Post-)Moderne. München: Fink

Ländermonitor (2021): Übersicht. https://www.laendermonitor.de/de/report-profile-der-bundeslaender/uebersicht (04. 04. 2023).

Lindner, W./Thole, W./Weber, J. (Hrsg.) (2003): Kinder- und Jugendarbeit als Bildungsprojekt. Opladen: Leske + Budrich

Magyar-Haas, V. (2021): Masken-Spiele. Zur Verhandlung von Grenzen in pädagogischen Räumen. Bielefeld: transcript

Marotzki, W. (1990): Entwurf einer strukturalen Bildungstheorie. Biographietheoretische Auslegung von Bildungsprozessen in hochkomplexen Gesellschaften. Weinheim: Beltz

Mollenhauer, K./Brumlik, M./Wudtke, H. (1975): Die Familienerziehung. München: Juventa

Mollenhauer, K./Uhlendorff, U. (1992): Sozialpädagogische Diagnosen I. Über Jugendliche in schwierigen Lebenslagen. Weinheim/München: Juventa

Mücher, F./Uhlendorff, U. (2015): Das fragend-begleitende Gespräch. Sozialpädagogische Diagnostik im Kontext von Jugendwohnungslosigkeit. In: Dollinger, B./Oelkers, S. (Hrsg.): Sozialpädagogische Perspektiven auf Devianz. Weinheim/Basel: Beltz Juventa, S. 49–67

Müller, B. (1993): Multiperspektivische Fallarbeit. Freiburg im Breisgau: Lambertus

Müller, C. W./Kentler, H./Mollenhauer, K./Giesecke, H. (1964): Was ist Jugendarbeit? München: Juventa

Müller, H.-R./Krinninger, D. (2016): Familienstile. Weinheim/Basel: Beltz Juventa

Oswald, H. (1994): Der Jugendliche. In: Lenzen, D. (Hrsg.): Erziehungswissenschaft: Ein Grundkurs. Hamburg: Rowohlt

Otto, H.-U./Rauschenbach, T. (Hrsg.) (2008): Die andere Seite der Bildung. Zum Verhältnis von formellen und informellen Bildungsprozessen. Wiesbaden: VS Verlag für Sozialwissenschaften

Rauschenbach, T./Leu, H. R./Lingenauber, S./Mack, M./Schilling, M./Schneider, K./Züchner, I. (2004): Non-formale und informelle Bildung im Kindes- und Jugendalter. Konzeptionelle Grundlagen für einen Nationalen Bildungsbericht. Hrsg. v. Bundesministerium für Bildung und Forschung (BMBF). https://d-nb.info/971374708/34. Berlin: Eigenverlag.

Schaarschuch, A. (1995): Das demokratische Potenzial Sozialer Arbeit. In: Sünker, H. (Hrsg.): Theorie, Politik und Praxis Sozialer Arbeit. Bielefeld: Kleine, S. 48–71

Schaarschuch, A. (2006): Der Nutzer Sozialer Dienstleistungen als Produzent des »Sozialen«. In: Badawia, T./Luckas, H./Müller, H. (Hrsg.): Das Soziale gestalten – Über Mögliches und Unmögliches der Sozialpädagogik. Wiesbaden: VS Verlag für Sozialwissenschaften, S. 81–94

Schäfers, B. (1986): Grundbegriffe der Soziologie. Opladen: Leske + Budrich

Schmid, W. (1998): Philosophie der Lebenskunst. Eine Grundlegung. Frankfurt am Main: Suhrkamp

Schneider, N. F./Krüger, D./Lasch, V./Limmer, R./Matthias-Bleck, H. (2001): Alleinerziehen – Vielfalt und Dynamik einer Lebensform. Stuttgart/Berlin/Köln: Kohlhammer

Schulz, F./Blossfeld, H.-P. (2006): Wie ändert sich die häusliche Arbeitsteilung im Eheverlauf? Eine Längsschnittstudie der ersten 14 Lebensjahre in Westdeutschland. In: Kölner Zeitschrift für Soziologie und Sozialpsychologie 58 (1), S. 23–49. Wiesbaden: Springer VS

Schütz, A./Luckmann, T. (2003): Strukturen der Lebenswelt. Konstanz: utb

Schwabe, M. (2021): Praxisbuch Fallverstehen und Settingkonstruktion. Hilfeplanung für krisenhafte Verläufe. Weinheim/Basel: Beltz Juventa

Selman, R. L. (1984): Die Entwicklung des sozialen Verstehens: Entwicklungspsychologische und klinische Untersuchungen. Frankfurt am Main: Suhrkamp

Sturzenhecker, B./Lindner, W. (2004): Bildung in der Kinder- und Jugendarbeit. Weinheim/München: Juventa

Sünker, H. (1989): Bildung, Alltag und Subjektivität. Elemente zu einer Theorie der Sozialpädagogik. Weinheim: Deutscher Studien-Verlag

Uhlendorff, U. (2010): Sozialpädagogische Diagnosen III. Ein sozialpädagogisch-hermeneutisches Diagnoseverfahren für die Hilfeplanung. 3. Auflage. Weinheim/Basel: Beltz Juventa

Uhlendorff, U. (2022): Methoden Sozialpädagogischen Fallverstehens in der Sozialen Arbeit. Ein Grundkurs. Weinheim/Basel: Beltz Juventa

Uhlendorff, U./Euteneuer, M./Sabla, K. (2013): Soziale Arbeit mit Familien. München: Ernst Reinhardt

Winkler, M. (2021): Eine Theorie der Sozialpädagogik. Neuausgabe mit einem neuen Nachwort Herausgegeben von Gaby Flösser und Marc Witzel. Weinheim/Basel: Beltz Juventa

Abbildungsverzeichnis

Tabellenverzeichnis

Sachwortverzeichnis

Anhang und Online-Materialien

A Bearbeitungshinweise zu den Übungen

Kapitel 2

Übung 2.1

Hilfreich für diese Übung kann die Rekonstruktion und Veränderung Ihrer Berufswünsche in Ihrem eigenen Lebenslauf sein. Berufswünsche sind im Sinne von Identitätsentwürfen ein zentraler Aspekt von Lebenskonzepten. Die Veränderung des Berufswunsches geht von daher mit einer Veränderung des Lebenskonzeptes einher. Ein weiterer Ausgangspunkt Ihrer biografischen Reflexion können Krisen im Lebenslauf sein. Auch an sie knüpfen sich zumeist Veränderungen des Lebenskonzeptes an.

Kapitel 3

Übung 3.1

Für die Übung lohnt es sich, eine kleine Internetrecherche unter dem Stichwort »Entwicklungsaufgabe« oder »Entwicklungsaufgabenkonzept« zu machen. Sie werden sicherlich auf zwei Namen stoßen: Havighurst und Hurrelmann: Robert J. Havighurst zum Beispiel unterscheidet vier Entwicklungsaufgaben des Jugendalters. Auch der Soziologe Klaus Hurrelmann benennt in Anlehnung an Havighurst Entwicklungsaufgaben des Jugendalters.

Kapitel 4

Übung 4.1

Je nach der Größe der Stadt, der finanziellen und personellen Ausstattung können die Angebote von Familienbildungsstätten variieren. Dennoch gibt es Standardangebote der Familienbildung, die von den Kommunen vorgehalten werden müssen. Bitte recherchieren Sie solche, die tatsächlich auf Familienübergänge ausgerichtet sind: Übergang in die Partner- und Elternschaft, Trennung und Scheidung, Übergang in die KiTa oder Grundschule, Ablösung der Kinder vom Elternhaus.

Für den ersten der genannten Übergänge müssten Sie mehrere Angebote finden. Familienbildungsstätten hießen bis in die 1960er Jahre und auch noch später »Mütterschulen«. Sie entstanden, um junge, werdende Mütter auf die Ehe und das Familienleben vorzubereiten. Zum Glück hat man sich von dieser einseitigen traditionellen Ausrichtung verabschiedet. Väter gehören, neben Großeltern, mit zur Zielgruppe. Vielleicht finden Sie spezielle Angebote für Väter.

Kapitel 5

Übung 5.1

Bei dem Vergleich sollten Sie auf zwei Aspekte achten: Welche Gemeinsamkeiten und Unterschiede ergeben sich mit Blick auf die Personen? Und welche ergeben sich mit Blick auf die dargestellten Gegenstände?

Übung 5.2

Sie werden bei der Internetrecherche automatisch auch auf Kinderbauernhöfe auf dem Land stoßen. Hierbei handelt es sich um kommerzielle Angebote. Daneben gibt es solche, die in Städten angeboten werden, die öffentlich und kostenfrei sind. Meist werden sie von Vereinen angeboten, die von der Kommune gefördert werden, oder von der Kommune selbst getragen werden. Die Stadt Neuss hat einen der ersten Kinderbauernhöfe errichtet. Zur offenen Kinder- und Jugendarbeit zählen neben Jugendzentren und Abenteuerspielplätzen auch Kinderbauernhöfe. Angenommen die Familie Celik lebt in Berlin. Wie viele Kinderbauernhöfe ständen ihr zur Verfügung? Vergleichen Sie das einmal mit Hamburg. Sie sehen, es gibt große Unterschiede!

B Lösungen der Aufgaben zur Selbstüberprüfung

Kapitel 2

Aufgabe 2.1
In Ihrer Abhandlung sollten folgende Aspekte berücksichtigt werden:

- Bei Jugendlichen zeichnet sich Bildung insbesondere durch die Auseinandersetzung mit dem eigenen Lebenskonzept aus. Dabei werden drei biografische Zeitebenen zueinander in Beziehung gesetzt: die Erfahrungen in der Vergangenheit, in der Gegenwart und die Vorstellung der eigenen Zukunft.
- Das Lebenskonzept besteht aus Entwürfen, die eine jugendliche Person sich von sich selbst gebildet hat, ihrer Lebensgeschichte und ihrer Umwelt.
- Lebenskonzepte enthalten Glaubenssätze. Glaubenssätze sind Deutungsmuster, mittels derer Jugendliche ihre Wirklichkeit konstruieren und ihr Lebenskonzept aufrechterhalten.
- Jugendliche machen Erfahrungen, die sich zu den Glaubenssätzen sperrig verhalten können und nur schwer in das Lebenskonzept integrierbar sind. Dies nennt man »Differenzerfahrungen«. Sie sind der Motor von Bildungsprozessen, weil sie zum Überdenken der Glaubenssätze anregen und zu einer Veränderung des Lebenskonzeptes führen.
- Bei der Begleitung von Bildungsprozessen von Jugendlichen versuchen sozialpädagogische Fachkräfte mittels des fragend-begleitenden Gesprächs die lebenskonzeptrelevanten Aspekte des*der Jugendlichen kennenzulernen, ohne sie zu werten.
- Die Analyse des Lebenskonzeptes zielt darauf ab, die Glaubenssätze und die Differenzerfahrungen zu eruieren.

- Das fragend-erörternde Gespräch befasst sich, neben Fragen der Sorge um sich selbst, mit den Glaubenssätzen und Differenzerfahrungen der Jugendlichen. Es ermöglicht ihnen, ihre Lebenskonzepte zu überdenken und zu verändern.

Aufgabe 2.2

In dem Text werden folgende Aspekte einer professionellen Haltung erwähnt:

- Fragen stellen und aufmerksam zuhören, die Antworten werden nicht kommentiert und bewertet (fragende Grundhaltung).
- Fachkräfte halten sich mit Verhaltenserwartungen zurück.
- Sie drängen die Jugendlichen nicht dazu, über etwas zu sprechen, worüber sie nicht sprechen möchten.
- Sie geben keine Anweisungen zum »richtigen« Leben; sie versuchen durch Fragen Reflexionsprozesse anzustoßen.
- Sie erwecken Vertrauen durch eine sorgende, aber professionell »distanzierte« Grundhaltung, die durch Empathie, Zuspruch und Respekt gegenüber des Lebenskonzeptes und den Glaubenssätzen der Jugendlichen geprägt ist.
- Sie drängen sich nicht mit Ratschlägen auf, wie man es besser machen könnte, sondern unterstützen Jugendliche, für sich selbst Verantwortung zu übernehmen und selbstständig Lösungen zu entwickeln.

Kapitel 3

Aufgabe 3.1

Wenn man sich die Liste der Entwicklungsaufgaben (Tabelle 3.1) ansieht, dann lassen sich relativ viele Entwicklungsaufgaben in einem erlebnispädagogischen Kontext bearbeiten. Legt man die Gesprächsprotokolle mit Sascha (Fallbeispiel 3.1) zugrunde, dann lassen sich für Sascha die meisten Entwicklungsaufgaben zuordnen, die sich in der ersten Etappe befinden: Im Hinblick auf die genannten Tätigkeiten werden im Wesentlichen folgende angesprochen:

- Situative Zusammenarbeit mit Gleichaltrigen
- Körpersensibilität für sich und andere entwickeln, realistisches Körper-Selbst-Einschätzungsvermögen bilden
- Erkennen von physischen Belastungsgrenzen, von Stärken und Schwächen
- Planung von sensomotorischen Abläufen, Steigerung der körperlichen Fähigkeiten durch Körper-Selbst-Disziplin
- Über situative Gegebenheiten hinaus planen
- Körperliche Stärke und Durchsetzung in sozial verträglichen Tätigkeiten ausdrücken, Einbindung der impulsiven Körperkomponenten in Wettkampf und Spiel, Rivalität nach Regeln gegenseitiger Fairness austragen
- Gegenseitige Hilfe und Austausch von Interessen und materiellen Gütern

Kapitel 4

Aufgabe 4.1

Transformationspfade von Familienfigurationen mit den entsprechenden Orientierungsmustern:

Aktuelle Familienfiguration	Gewünschte Familienfiguration	Entsprechendes Orientierungsmuster
Figuration 1	Figuration 2	Orientierungsmuster 4
Figuration 1	Figuration 5	Orientierungsmuster 5
Figuration 1	Figuration 6	Orientierungsmuster 4
Figuration 2	Figuration 5	Orientierungsmuster 5
Figuration 3	Figuration 5	Orientierungsmuster 5
Figuration 3	Figuration 6	Orientierungsmuster 4

Figuration 4	Figuration 1	Orientierungsmuster 4
Figuration 4	Figuration 6	Orientierungsmuster 4
Figuration 6	Figuration 5	Orientierungsmuster 5

Aufgabe 4.2

Modifikationen von bestehenden Familienfigurationen mit den entsprechenden Orientierungsmustern:

Aktuelle Familienfiguration	Gewünschte Familienfiguration	Entsprechendes Orientierungsmuster
Figuration 1	Figuration 1	Orientierungsmuster 4
Figuration 2	Figuration 2	Orientierungsmuster 4
Figuration 3	Figuration 3	Orientierungsmuster 2
Figuration 4	Figuration 4	Orientierungsmuster 2
Figuration 5	Figuration 5	Orientierungsmuster 5
Figuration 6	Figuration 6	Orientierungsmuster 4

Kapitel 5

Aufgabe 5.1

Frau Klinge lässt sich der Bildungskonstellation 6 zuordnen: »Familienfigurationen als Bildungsherausforderung«. Sie hat sich von ihrem Mann getrennt und lebt nun mit ihrer Tochter allein. Sie hat mittlerweile einen neuen Partner und setzt sich damit auseinander, welche Familienfiguration möglich ist. Frau Klinge ist dabei, eine Familienfiguration mit ihrem Partner sowie mit dem leiblichen Vater und Maike auszuhandeln.

Aufgabe 5.2

Es ergeben sich folgende Differenzerfahrungen, die Frau Klinge lösen möchte. Diese ergeben sich für sie in erster Linie aus der Partnerschaft:

- Marc, ihr Partner, beteiligt sich an der Erziehung, allerdings sind sich Frau Klinge und Marc im Hinblick auf die Erziehung von Maike oft nicht einig.
- Marc wünscht sich ein zweites Kind mit Frau Klinge und möchte mit ihr und den Kindern in einem Einfamilienhaus leben. Frau Klinge könnte dann ihre Arbeitszeit reduzieren. Allerdings ist sie ambivalent, ob sie ein zweites Kind haben und mit Marc zusammenleben möchte. Einerseits findet sie daran gut, dass sie weniger arbeiten müsste und mehr Zeit für die Kinder hätte, andererseits befürchtet sie, ihre Autonomie aufgeben zu müssen. Marc, so scheint es, favorisiert eine Familienfiguration, in der die Mutter-Vater-Kind-Triade im Zentrum steht. Frau Klinge bevorzugt, wie sich im weiteren Verlauf der Beratung herausstellt, eine Familienfiguration, bei der die Mutter-Kind-Dyade (mit Maike) den Kern bildet und sich die neue Partnerschaft dem anpassen muss. Die Differenzerfahrungen werden beim Vergleich des Gegenwartsbildes (Abbildung 4.1) und des Zukunftsbildes (Abbildung 4.3) von Frau Klinge deutlich. In der Figuration im Gegenwartsbild wird eine Mutter-Vater-Kind-Triade innerhalb einer Großfamilie abgebildet; in dem Zukunftsbild sind zwei Mutter-Kind-Dyaden abgebildet und Frau Klinge blickt ihren Partner aus einer gewissen Distanz an.

Aufgabe 5.3

Im Hinblick auf das ursprüngliche Elternsystem hat Frau Klinge ambivalente Vorstellungen:

- Frau Klinge möchte am liebsten den Kontakt zum Vater von Maike abbrechen oder zumindest stark reduzieren. Auf der anderen Seite erfährt sie von ihm eine gewisse Entlastung, da er Maike an Wochenenden betreut und sie so Zeit für sich und Marc hat. Außerdem ist sie sich nicht sicher, ob Maike die Beziehung zum Vater aufrechterhalten möchte.

C Prüfungsaufgaben

Bitte bearbeiten Sie die Aufgaben zu den beiden Fallbeispielen.

Viel Erfolg!

Fallbeispiel 1: Boris

Boris ist 16 Jahre alt. Er lebt im Rahmen einer Hilfe zur Erziehung in einer Wohngruppe mit fünf weiteren Jugendlichen. Boris geht seit vier Wochen nicht mehr zur Hauptschule. Seine Betreuer*innen stehen vor der Aufgabe, mit ihm abzuklären, wie es weitergehen soll. In zwei Wochen steht die Fortschreibung des Hilfeplans an. Diese muss gemeinsam mit Boris vorbereitet werden. Zu diesem Zweck hat eine Fachkraft der Einrichtung mit ihm ein Interview geführt.

Boris teilt in dem Gespräch folgendes mit:

1. Familie: Mit seinen Adoptiveltern »läuft es im Moment ganz gut«. Er will sie regelmäßig besuchen. Seine Adoptiveltern haben vier eigene Kinder, »am besten verstehe ich mich mit meiner älteren Schwester«. Seine leiblichen Eltern kennt er nicht, seine Mutter »lebt irgendwo in Amerika«. Seinen Adoptivvater beschreibt er so: »ruhiger, gelassener Mensch … verständnisvoll, aber manchmal kann er ausflippen«. Seine Mutter sieht er so: »Die ist genauso wie mein Vater, nur die hat einen Religionstick«. Seine Eltern »sind 'nen bisschen konservativ … deshalb gibt's auch öfters Streit, weil ich Haschisch rauche«.

Boris lebte bis zu seinem zehnten Lebensjahr bei seinen Adoptiveltern. Beide haben sich »gut um mich gekümmert, aber dann gab's viel Ärger, weil ich nichts in der Schule gemacht hab … viel Blödsinn gemacht«. Deshalb sei er auch »ins Heim gekommen«. Die Erziehung seiner Eltern beschreibt er so: »Ich habe nicht den Druck bekommen, den ich gebraucht hätte«. Trotz alledem sind »es die besten Eltern«. Er hat »Ruhe, wenn ich zu Hause bin«. Er möchte nach Beendigung der Hauptschule wieder bei ihnen wohnen.

Die Erwartungen der Eltern beschreibt er so: »Dass ich den Hauptschulabschluss mache, keine Scheiße baue und Hände von Drogen lasse«. Seine Erwartungen an die Eltern: »Dass sie mich weiterhin gern haben«. Er wünscht sich, »dass ich das bringe, was meine Eltern von mir verlangen«.

2. Gleichaltrige, Freunde: Boris hat »viele gute Freunde und Freundinnen«. Es fällt ihm schwer, zu beschreiben, was sie gemeinsam in ihrer Freizeit tun: »Meistens abhängen, Disco, Musik hören und kiffen«. In Freundschaften ist ihm Folgendes wichtig: »Vertrauen, Ehrlichkeit, … dass man sich auf den anderen verlassen kann, wenn's einem schlecht geht, … derselbe Musikgeschmack«. Manchmal gibt es Streit, »bis die Fetzen fliegen und dann geht's wieder«. Mit seinen Freundschaften ist er unzufrieden, »weil man doch nicht über alles reden kann … oft hängen wir nur rum … 'nen bisschen langweilig da«.

3. Schule, Ausbildung: Boris geht zurzeit nicht zur Schule. »Ich habe keinen Bock mehr auf Schule, irgendwie interessiert mich das alles nicht«. Er befindet sich in der 9. Klasse und hat noch keinen Hauptschulabschluss. Er war »mal auf'm Gymnasium … dann Realschule, weil die Leistungen ziemlich daneben waren«, dann »Sonderschule für Verhaltensschwierige … dann Gesamtschule«. Er braucht Unterstützung im schulischen Bereich, besonders in Mathe und Englisch. Er ist besonders in diesen beiden Fächern im Rückstand. Er meint, dass er die anstehenden Klausuren nicht schaffen kann.

4. Jugendhilfe: Er hat zwei Heimwechsel hinter sich und lebt seit sieben Jahren im Heim. Die Heimwechsel begründet er so: »Viele Probleme mit Alkohol und Drogen gehabt«. In der letzten Wohngruppe habe er sich mit zwei Erzieherinnen »gut verstanden, mit den anderen schlecht, aber ich habe 'ne ganze Menge da gelernt«. Mit seinen Mitbewohner*innen lief und »läuft es immer gut«.

Er habe Schwierigkeiten mit Autoritätspersonen. Mit Erzieher*innen, »die nur ihren Willen durchsetzen«, gab es häufig Streit. Von seinen Betreuer*innen erwartet er: »Der Umgang mit den Jugendlichen muss verschieden sein, wie man's gerade braucht, müssen gerecht sein ... man muss gemeinsam Spaß haben«. Die Erwartungen seiner Erzieher und Erzieherinnen beschreibt er folgendermaßen: »keine Drogen, Hauptschulabschluss machen, Ämter in der Gruppe machen«. Mit den Regeln der Wohngruppe ist er unzufrieden, deshalb gibt es häufig Streit, er kann aber keine Vorschläge machen, wie »bessere Regeln aussehen könnten«.

5. Körperlichkeit, Interessen: Seine Interessen: »Waffen, Motorräder ... ich muss viel Fahrradfahren ..., Motorsport, Schießsport, Tennis, Catchen (aber nur zusehen im Fernsehen)«. Boris ist zurzeit unzufrieden, weil er bis auf Fahrradfahren nach der Schule nichts macht: »... bin oft schlaff«. Er interessiert sich für »Motoren frisieren« und technische Kraft, gelegentlich malt er, er würde gern in einer Band singen. Schlägereien vermeidet er; Stärke zu zeigen ist ihm nicht wichtig auch nicht das Kräftemessen mit anderen Jugendlichen. Früher war er mal »Sänger in einer Hardrock Band ... auch mal Texte geschrieben«. Mit Freunden gemeinsam zu essen, ist ihm wichtig, »ich kann mich am besten erholen, wenn ich was Vernünftiges esse«. Er hat »viel Stress mit den Ämtern auf der Gruppe«. Er kann sich körperlich gut selbst einschätzen, zurzeit sei seine Kondition durch Rauchen eingeschränkt, er wünscht sich mehr Bewegung.

6. Normative Orientierungen: Konflikte müssen aus seiner Sicht mit Worten gelöst werden, in Beziehungen ist ihm gegenseitiges Vertrauen, Verlässlichkeit und Liebe wichtig. »Man muss sich verstehen« und gegenseitig Toleranz üben. Gerechtigkeit und Regeln sind für das Zusammenleben unerlässlich. Gewalt ist aus seiner Sicht nur in Notwehrsituationen berechtigt oder »zum Beispiel gegen Unrecht«. Er möchte später »vielleicht mal 'ne Familie haben, aber nicht heiraten«, Strafen (»aber nicht schlagen«) sind aus seiner Sicht in der Erziehung wichtig. Um mit seinem Leben zufrieden zu sein, braucht er »gute Freunde, korrekte Umwelt«.

Soziale Spielräume und Entscheidungsfreiheit müssen auch in Gruppen gegeben sein; hiermit hat er immer wieder Konflikte.

7. Devianz: Er hat Ärger bekommen wegen Drogen (viel Haschisch) und Alkohol: »Ich hab' schon mal Ärger mit der Polizei und dem Gericht gehabt, wegen Drogen und Diebstahl«, er war »mal in der Jugendpsychiatrie für schwer Erziehbare«.

8. Zeitschemata: Boris beschreibt einen klaren und präzisen Tagesablauf. Allerdings hat er Schwierigkeiten, morgens früh aufzustehen. Die Betreuer*innen wecken ihn, manchmal schläft er einfach weiter. Er verfügt über eine chronologische Gliederung seines Lebenslaufs und kann sich an vieles erinnern. Seine Zukunft stellt er sich so vor: »Hauptschulabschluss machen, Lehre machen«, bei seinen Eltern wohnen, »aber in 'ner eigenen Wohnung« im Haus der Eltern. Er möchte eine Lehre in Metalltechnik machen und »Universalschweißer werden ... weil korrekter, kohlemäßig guter Job«. Er hat Schwierigkeiten sein Taschengeld einzuplanen.

Im Vergleich zu früher habe er sich verändert, »ich bin 'nen bisschen ruhiger und vernünftiger geworden«.

9. Selbstentwurf: Boris schätzt sich als nicht so stark ein, »geistige Stärke ist wichtiger«. Er ist mit sich unzufrieden: »Bin zu schlaff geworden«. Er ist sich unsicher, ob er sein Berufsziel erreichen kann: »Weiß nicht, ob ich so gut bin«. Gegenüber seinen Freunden »kann ich meinen Ärger zeigen, sonst zügele ich mich«. Er verfügt über eine gute Selbstkontrolle, kann stundenlang diskutieren und flippt nur dann aus, wenn er geschlagen wird. Er beschreibt sich als »leicht cholerisch ... manchmal raste ich aus, aber ich rede dann viel«. Autoritätspersonen »konnte ich nie akzeptieren«. Er wünscht sich »mehr Interesse für

Sport, mehr Kraft und Kondition«. Er findet an sich nicht so gut, »dass ich ziemlich labil bin und manchmal nichts mehr in die Ecke kriege, ... dann falle ich in komische Stimmungen«. »Wenn ich was will, dann packe ich das auch ... kommt aber jetzt kaum noch vor«. Er möchte mehr Freiheit und Unabhängigkeit: »Dass ich richtig leben kann, meine Freiheit, guten Job und Kohle«. Aber andererseits lässt er sich noch gern versorgen.

Aufgabe 1: Lesen Sie die Interviewzusammenfassung gründlich durch und beantworten Sie die folgenden Fragestellungen:

- Was sind die zentralen Konflikthemen von Boris?
- Welche konkreten Entwicklungsaufgaben stehen hinter diesen Konfliktthemen?

Nennen sie maximal drei Konfliktthemen und die damit einhergehenden Entwicklungsaufgaben. Bei der Analyse können Sie auch die Tabelle zu den Entwicklungsaufgaben zur Hand nehmen (Tabelle 3.1/ Kapitel 3.2).
15 Punkte

Aufgabe 2: Welche sozialpädagogischen Angebote könnten Boris dabei unterstützen, seine Entwicklungsaufgaben zu bewältigen? Beschreiben Sie maximal drei Angebote.
15 Punkte

Fallbeispiel 2: Frau Zielinski

Aktuelle Lebenssituation

Frau Zielinski ist 37 Jahre alt und kommt gebürtig aus Polen, wo sie auch aufgewachsen ist. Sie lebt gemeinsam mit ihrem Sohn, den sie im Interview »Junior« nennt, in einer Wohnung. Ihr Sohn ist drei Jahre alt und besucht zur Zeit des Interviews seit zwei Wochen eine KiTa. Frau Zielinski hat sich von ihrem Mann getrennt und die Scheidung eingereicht. Die Beziehung zu ihrem Ex-Partner und dessen Familie ist sehr stark konfliktbeladen. Frau Zielinski lebt mit ihrem Sohn in einer neuen Wohnung, deren Einrichtung überwiegend aus Spenden besteht.

Sie hat in Polen im Vertrieb gearbeitet und ist derzeit erwerbslos, allerdings mit einem Nebenjob als Raumpflegerin tätig. Ihr Ex-Mann ist 47 Jahre alt und arbeitet in der Baubranche.

Die aktuellen finanziellen Ressourcen von Frau Zielinski sind sehr knapp bemessen. Durch die Scheidung bezieht sie zwar Unterhalt, aber ihr Ex-Mann scheint die Beträge jeden Monat willkürlich zu variieren. Ihre Nebentätigkeit als Raumpflegerin ermöglicht es ihr mehr schlecht als recht, die Grundversorgung zu finanzieren. Sie sagt, dass sie Brot selber backen muss, weil es zusätzliche Ausgaben für den Sohn (Anschaffungen für den Kindergarten) gab.

Ihre Mutter lebt in Polen und besucht die Kleinfamilie alle zwei Monate für eine Woche. Während dieser Zeit kümmert sie sich intensiv um ihr Enkelkind und hilft im Haushalt. Sie hat eine enge Beziehung zu ihrem Enkelkind. Frau Zielinski fährt zwei Mal im Jahr für zwei Wochen nach Polen. Ihr Vater ist bereits verstorben.

Zu ihrer Familie zählt Frau Zielinski sich, ihren Sohn und auch den Vater ihres Sohnes, von dem sie erst seit kurzer Zeit getrennt lebt. Ebenfalls gehören ihre Schwiegereltern dazu, auch wenn die familiäre Situation von ihr als konflikthaft beschrieben wird. Zu ihrer Familie zählt sie auch ihre Mutter und ihren älteren Bruder, obwohl er in ihrem Alltag nicht präsent ist.

Frau Zielinski hat das alleinige Aufenthaltsbestimmungsrecht für ihren Sohn. Er besucht seit kurzer Zeit den Kindergarten einer Familienbildungsstätte. Durch das geltende Umgangsrecht ist der Sohn regelmäßig (alle zwei Wochen) bei seinem Vater. Der Kontakt zu den Schwiegereltern wird von Frau Zielinski als konflikthaft und schwierig beschrieben.

Ein wesentlicher Trennungsgrund von Frau Zielinski war das mangelnde Engagement ihres Mannes im Hinblick auf die Sorge und die Erziehung des gemeinsamen Sohnes sowie im Haushalt.

Besonders dankbar ist Frau Zielinski für die Hilfe, die sie durch die Familienberatungsstelle erhält. Auch hat sie zu einem Familienbildungszentrum Kontakt, dessen Eltern-Kind-Café sie regelmäßig aufsucht. Hierdurch hat sie etliche neue Freundinnen gewonnen. Das Café besucht sie einmal pro Woche seit zweieinhalb Jahren.

Der Tagesablauf von Frau Zielinski und ihrem Sohn ist sehr klar strukturiert:

> »Ja, äh, unsere Tagesrhythmus is eigentlich ganz fest, weil der Junior steht auf, zwischen halb sieben und sieben Uhr, dann er trinkt sein Kakao, er kann sein Märchen sehen, er kann lernen davon, so halbe Stunde, so lange er trinkt sein Kakao, hat er seine Ruhe. Dann fängt an unser Tag nä. Wir frühstücken, wir sind gerade mit-mit Töpfchenzeit äh, äh so, äh er macht seine Sachen. Und ähm eigentlich wir haben jeden Tag was zu tun, jetzt wegen Scheidung äh. Ich muss auch ähm, Jobcenter, Jugendamt, hier, da, da. Äh, wegen jegliche Sachen alles viel machen, aber machen wir äh auch jeden Tag was für, nur für das Kind so, Park oder Wald, Programm, äh-äh-äh jeden Tag was, oder manchmal bleiben wir zu Hause einfach. Er hat auf Balkon kleines Planschbecken, weil is so heiß jetzt, äh, ich will nicht immer draußen sein. Er hat auch eine Sandkiste und eigentlich vormittags ähm, wenn ich muss dann einkaufen gehen, dann gehen wir einkaufen. Dann 12 Uhr Mittagessen, danach hat zwei Stunden Mittagsschläfchen. Wenn die Oma da ist, dann schlafen wir hier zusammen mit das Kind und Kuschelzeit. Und dann aufstehen, ich pack Rucksack ein und irgendwo gehen wir, machen wir was. Dann, sechs Uhr, wir sind zu Hause, halb sieben Abendbrot und äh eigentlich jetzt ich probiere, dass er schläft um acht, früher so halb neun, aber jetzt um acht Uhr, weil er ist jetzt in den Kinder-

> garten. Er mag diese Rhythmus, er mag das und ähm gestern auch, wir waren fast viertel vor eins zurück vom Kindergarten, weil ich musste noch Schwiegereltern sprechen, noch mit der Leiterin und so was, er wollte nicht mehr Mittagessen nur, er wollte ins Bett und so was. Er sagt selber, das ist sein sein Rhythmus, ich hab so was gefunden, wie war es gut für das Kind, eigentlich«.

Als sie noch mit ihrem Ex-Partner zusammenlebte, hat Frau Zielinski alle anfallenden Hausarbeiten allein erledigt. Sie charakterisiert ihren Ex-Mann als »Couch-König«, der nach getaner Arbeit keine Lust hatte, sich an der Hausarbeit oder der Erziehung des Kindes zu beteiligen. Die Trennung von ihrem Mann erlebt sie als befreiend, da sie nun zwar alles allein machen müsse, was vorher auch schon der Fall war, aber sich dadurch nicht mehr von ihm unter Druck gesetzt fühle und weniger Konflikte im Alltag erlebe.

Wichtig für sie ist, dass »Junior« später eine gute Schulausbildung erhält. Auch sind tägliche Rituale ihr sehr bedeutsam, aber auch für ihren Sohn.

> »Äh, Bett is unsere Zentralsache, äh, wir haben auch da unsere kleine Ritual, er hat ne Menge äh Bücher, auch auf Polnisch, auch deutsche Bücher und ähm machen wir ähm, lesen oder er guckt, wir erzählen zusammen von Buch, dann er sitzt, dann ich singe, drei, vier Lieder und dann geht er schlafen. Bett, Badewanne ist ganz wichtig für Junior. Er hat viel-viel Spaß da. Was haben wir noch, Kleiderschrank, das is nicht wichtig für uns. Ich pack ein und er packt raus (lacht). Ja, Fußball, is-is das für uns wichtig, weil äh wir haben ein Ball und er hat-hat äh mehrere Bällchen«.

Zwischen Frau Zielinski und ihrem Sohn besteht eine enge Bindung. Es ist ihr wichtig, dass sie regelmäßige Aktivitäten mit ihm unternimmt. Ihr Ex-Mann ist um eine ähnlich gute Bindung bemüht (seit der Trennung) und beide nehmen Termine gemeinsam wahr, wenn es den Sohn betrifft. Frau Zielinski ist überrascht, dass ihr Ex-Mann sich plötzlich so um seinen Sohn bemüht.

> »Das äh is komisch, hat sich nie um Junior gekümmert, kam von Arbeit und dann so äh Sofa und Fernsehen dann. Ich hab gesagt, ganz oft, mach was mit Junior, du bist Vater. Aber in ein Ohr rein in anderes raus, hat sich rumgedrückt, Junior war oft enttäuscht. Und jetzt fällt ihm ein, dass er seinen Sohn hat, äh will ihn jedes Wochenende haben. Aber Junior will oft nicht zu seinem Vater, er hat gesagt, äh viel Langeweile da«.

Frau Zielinski möchte wieder arbeiten gehen. Allerdings traut sie sich die Ausbildung nicht zu, da ihre Deutschkenntnisse aus ihrer Sicht nicht gut genug sind.

Ihr Sohn geht seit zwei Wochen in den Kindergarten. Die Eingewöhnungsphase in der KiTa gestaltet sich sehr schwer, da ihr Sohn lieber bei seiner Mutter sein möchte und sich in der KiTa von seiner Mutter allein gelassen fühlt.

> »Ich hab schlechtes Gewissen, manchmal denke ich, Junior ist noch zu jung, will lieber noch zu Hause sein und mit Mama oder Oma spielen. Aber dann denke ich, Kindergarten ist gut für ihn, dann hat er viele Freunde. Immer nur mit Mama und Oma spielen, ist nich gut. Junior muss Freunde haben. Er hat noch keine«.

Frau Zielinski beschreibt sich selbst als Frau, die sich bewusst für ein Kind und eine Familie entschieden hat. Für sie ist es wichtig, dass der Alltag gut organisiert ist und sie stets einen »Plan« hat. Die Fürsorge beinhaltet für sie auch, für den Sohn einen anregenden Tagesablauf zu organisieren. Frau Zielinski sagt in dem Interview, dass sie befürchtet, dies nicht mehr gut zu leisten, sobald sie eine Ausbildung macht und wieder berufstätig ist.

Die Beziehung zu ihren Schwiegereltern wird von Frau F. als »schwierig« bezeichnet, wie das folgende Zitat belegt.

> »Schwiegereltern sind andere Teil, sie sind, so diese ganze Familie is bösartig einfach und äähm, der Junge war drei Wochen alt und dann äh, wir haben Streit gehabt, meine Schwiegermutter sagte: ›Okay‹ und sie war ein

> Jahre lang nicht mehr da, kein ›Hallo‹, kein ›Tschüss‹, obwohl sie wohnen drei Häuschen weiter, in der Nachbarschaft und äähm, seit dem, dann ich wollte noch mal retten unsere Beziehung, ich hab alles getan, bis Scheidung es war gut, es äh funktioniert, sie wusste, dass äh, weil sie will immer ein bisschen äh, kontrollieren und wie bin ich äh, das macht sie auch mit-mit ihre eigene Sohn, ihre eigene äh Kind, Kinder, das obwohl mein Mann ist 47, ich bin 37, so mal hallo!«

Frau Zielinski beschreibt sich selbst eher als ruhigen Typ, sofern man sie lässt. Aber zurzeit fühlt sie sich gestresst und macht sich Sorgen.

> »Ich weiß nicht, wie das wird mit Scheidung und äh Sorgerecht und ob der Vater zahlt, so die finanzielle Situation ist nicht gut. Auch Beziehung von Junior und seinem Vater ist noch nicht gut. Ich weiß nicht, wie Zukunft wird. Wenn ich arbeite, habe ich wenig Zeit für Junior«.

Vergangenheit/Herkunftserfahrungen

Frau Zielinski ist bei ihren Eltern in Polen aufgewachsen. Sie hat einen älteren Bruder. Eine große Bedeutung hatte während ihrer Kindheit ihre »Oma« väterlicherseits, die mit in der elterlichen Wohnung gelebt hat. Ihre Mutter besitzt mehrere Fremdsprachendiplome und war als Vertreterin beruflich tätig, während ihr Vater als Lkw-Fahrer beschäftigt war. Er wurde aufgrund seines Alkoholproblems arbeitslos und verstarb vor drei Jahren. Die Familie von Frau Zielinski hat zunächst in einem Plattenbau einer größeren Stadt gewohnt. Durch mehrere Faktoren ist die Familie dann in eine ländlichere Gegend gezogen. Die Familie hat so versucht, den negativen Einflüssen zu entgehen, wie zum Beispiel dem negativen sozialen Umgang des Vaters, Alkohol etc.

Da beide Eltern berufstätig waren, hat die im Haushalt lebende Großmutter viele Haushalts- und Erziehungsaufgaben übernommen. Die andere Großmutter wird von Frau Zielinski als »Hexe« beschrieben, die ihre Tochter nicht unterstützt hat.

Die Mutter hat in der Zeit, als die Kinder noch klein waren, fünf Sprachprüfungen abgelegt und im weltweiten Vertrieb für Lkw-Zubehör gearbeitet, sodass sie viel unterwegs war. Die Versorgung der Kinder oblag dann der Großmutter.

> »Mutter war manchmal ne ganze Woche nicht zu Hause. Das war im Nachhinein nicht gut. Kinder brauchen ihre Mutter, Oma war zwar immer für uns da, aber Mama hat gefehlt! Mein Bruder hat viele Probleme, weil Mutter oft nicht da, und Papa immer betrunken im Bett ... Aber trotzdem war immer jemand zu Hause und auch Oma. Oma hat uns ganz viel gekümmert, obwohl sie haben immer Streit gehabt ... typisch äh Schwiegermutter und, aber äh, meine Oma, sie war für mich, sie war alles und trotzdem viel äh-äh Streitigkeiten mit meiner Mutter«.

In Erziehungsfragen kam es zwischen ihren Eltern oft zum Streit.

> »Es war schwierig, weil sie haben Streit gehabt. Papa war der Boss zu Hause, aber trotzdem meine Mutter musste kämpfen für äh ihre, äh-äh Wahrheit manchmal, wenn, wenn sie hat gemerkt, dass ›Hallo, jetzt hier und nicht weiter‹, aber sie war nicht stark genug, nicht stark genug und äh, da sprechen wir immer noch davon, gerade gestern haben wir gesprochen, weil äh, wegen Junior, dass ich möchte, dass äh-äh, deswegen ich, ich will nicht ganz streng Eltern sein, aber ich immer kontrolliere, bis Junior ist 18. ›Ja, Junior, ich/okay, du hast deine eigene äh Vi-Villa, aber ich bin da und sage dir was, wie, weil du bist, kannst du noch nicht entscheiden alles‹, und das hab ich nicht bekommen von Mami, weil Papa sagte: ›Lass einfach, lass einfach‹, deswegen ich, ich äh, ich hätte zum Beispiel Universität besuchen können, ich will für das Kind, dass er geht, er hat gute Schule, ich könnte nicht, ich könnte schon, aber du musst du nicht oder sowas, lass einfach, du musst Sport machen. Ich war ganz gute Sportlerin im Handball und für mich war das Weg, aber das Weg is falsch. Sport nach der Schule, Punkt«.

Im Interview erklärt Frau Zielinski, dass das Verhältnis zu ihren Eltern so schwierig war, dass sie lange Zeit gebraucht hat, um diese Kindheitserfahrungen zu verarbeiten. Besonders besorgniserregend wird von ihr die seelische Verfassung ihres Bruders beschrieben, der noch als Jugendlicher »ins Bett gemacht« habe. Schöne Erinnerung hat Frau Zielinski an die gemeinsam verbrachte Zeit mit dem Vater, den sie als Kind gelegentlich auf seinen Lkw-Touren begleiten durfte.

Ausgeprägte Fürsorgemuster in der Familie werden von Frau Zielinski nicht beschrieben. Der Vater habe massiv Druck auf den ihren Bruder ausgeübt, sodass er psychisch sehr gelitten habe. Auch die Beziehung zu ihrer Mutter wird nicht als liebevoll oder umsorgend beschrieben.

Auf der Ebene der Paarbeziehung schildert Frau Zielinski eine eher konflikthafte Lage innerhalb ihres Elternhauses.

> »Die Ehe war nicht gut, schon früh kaputt. Meine Mutter hätte sich scheiden lassen müssen, aber sie hat sich nicht getraut und Rücksicht auf Oma genommen. Hätte sie sich scheiden lassen, wäre sie ganz allein gewesen mit uns, ohne Oma. Was wäre dann gewesen mit ihrem Beruf, das wäre nicht gegangen. Also hat sie es mit meinem Vater ausgehalten. Das hat alles verschlimmert«.

Zukunftsvorstellungen/Zukunftswünsche

Frau Zielinski möchte berufstätig sein.

> »Ich mag arbeiten, sonst ich geh nicht putzen, ich hab ein gute Job, gutes Job, so ein, wirklich, ein Haus beim Privathaushalt, ich bin da Familienteil, ich mag, ich kann arbeiten«.

Aber diese Tätigkeit sieht sie nur als einen Übergang. Sie möchte einen Sprachkurs belegen, um bessere Chancen auf dem Arbeitsmarkt zu haben.

> »Eigentlich ich möchte hier in die Nähe ein Job finden, egal, ob muss ich jetzt in Rewe arbeiten als Verkäuferin, ist egal, das wichtigste dass ich bleibe in die Nähe, wenn es etwas passiert mit Junior, ich bin da. Und, jetzt kommt drei Jahre Kindergarten, nach dem Kindergarten kommt Schule,

> dann er ist größer, dann haben wir natürlich vielleicht lockerer Kontakt mit Papa, können wir noch mehr mitteilen mit Papa, nicht so wie jetzt, dann kann ich noch mehr Arbeit finden, aber eigentlich nur Teilzeitjob, weil das wichtigste für mich das Kind«.

Darüber hinaus hat sie die Vorstellung, dass ihr Leben finanziell abgesicherter sei, wenn sie einen neuen Mann habe. Für die Zukunft wünscht sich Frau Zielinski einen Partner, der sich auch gut mit Junior versteht und sich an der Erziehung beteiligt.

> »Eigentlich ich möchte gerne noch ein Kind oder noch zwei, ich möchte gerne ein Vollfamilie haben, ich bin jetzt sehr enttäuscht natürlich in fast alle Männer so, mal ganz ehrlich, aber hier, ich weiß, ich will, ich will ein Mann, ich will meine andere Hälfte gefunden, ich will! Wirklich wo kann ich vielleicht Prinzessin sein und nicht der letzte Butler! Und ich habe noch Hoffnung und ich habe noch Hoffnung, dass, dass für das Junior wird, wenn ich finde jemand und äh, ja natürlich das erste, dass die müssen das Weg finden, wenn ich sehe: ›Hoppa, klappt nicht‹, basta (pfeift), dann er hat keine Chance mehr, er muss zu mein Kind passen, und er muss kämpfen für mich, weil da ist ein Sohn und ein zukünftiger Ehemann dann vielleicht, sie müssen sich gut verstanden. So, Plan ist schon da«.

Sie könnte sich vorstellen, mit dem neuen Partner noch weitere Kinder zu bekommen. Trotz einer möglichen neuen Partnerschaft ist es ihr wichtig, dass ihr Sohn regelmäßig Kontakt zu seinem Vater hat. Frau Zielinski rechnet in der Zukunft damit, dass sich die Situation mit ihrem Ex-Mann im Hinblick auf die Fürsorge von Junior nicht ändern wird. Sie sieht an diesem Punkt sehr beängstigt in die Zukunft.

Aufgabe 3: Welchem Typ von Familienfiguration lässt sich Frau Zielinski aktuell zuordnen? Bitte begründen Sie dies.
5 Punkte

Aufgabe 4: Welchen Typ von Familienfiguration wünscht sich Frau Zielinski?
5 Punkte

Aufgabe 5: Welchem Orientierungsmuster folgt Frau Zielinski? Bitte begründen Sie dies.
5 Punkte

Aufgabe 6: Vor welchen Entwicklungsaufgaben steht der Sohn von Frau Zielinski? Versuchen Sie diese kurz zu beschreiben (max. 2).
10 Punkte

Aufgabe 7: Wie könnten Sie als sozialpädagogische Fachkraft Frau Zielinski und ihrem Sohn bei der Bewältigung der jeweiligen Entwicklungsaufgaben unterstützen? Nennen Sie zwei Unterstützungsangebote.
10 Punkte

Aufgabe 8:
In welcher Bildungskonstellation befindet sich Frau Zielinski? Begründen Sie dies und belegen Sie dies nach Möglichkeit mit Zitatstellen aus dem Interview.
5 Punkte

Aufgabe 9: Sie betreuen als Fachkraft Frau Zielinski in einer Familienberatungsstelle: Wie könnte eine professionelle Begleitung des Familienübergangs von Frau Zielinski im Sinne einer Sozialpädagogischen Fallarbeit aussehen? Benennen Sie neben den Entwicklungsaufgaben weitere Themenstellungen (max. 3), die Sie Frau Zielinski im Rahmen einer Sozialpädagogischen Fallarbeit anbieten würden. Nennen Sie Methoden, mit denen Sie die jeweilige Themenstellung bearbeiten würden.
15 Punkte

Aufgabe 10: Beschreiben Sie abschließend: Was ist der Unterschied zwischen Bildung, Lernen und Erziehung (für die richtige Darstellung der Begriffe jeweils 5 Punkte).
15 Punkte

Insgesamt 100 Punkte

D Lösungen der Prüfungsaufgaben

Fallbeispiel 1: Boris

Aufgabe 1

Ein zentrales Konfliktthema ist der Hauptschulabschluss. Boris geht zurzeit nicht zur Schule. Seine Adoptiveltern und seine Erzieher*innen erwarten von ihm, dass er regelmäßig zur Schule geht, dass er seine Hausaufgaben macht und den Abschluss erzielt. Er hat keinen »Bock« auf die Schule, weil ihn »das alles nicht mehr interessiert«. Er möchte später eine Lehre in Metalltechnik machen und »Universalschweißer« werden. Er ist sich unsicher, ob er sein Berufsziel erreichen kann: »Weiß nicht, ob ich so gut bin«.

- Er steht vor der Entwicklungsaufgabe, eine Berufsperspektive zu entwickeln, in der seine eigenen Interessen berücksichtigt werden, und diese praktisch umzusetzen (vgl. Tabelle 3.1: Altersphase 16 bis 18 • Selbst- und Personenentwürfe). Ihm fehlt zurzeit die Motivation, zur Hauptschule zu gehen. Diese Motivation müsste er erlangen.

Ein zweites Konfliktthema hängt mit dem Thema Drogen zusammen. Boris konsumiert Cannabis und raucht viel. Er gerät damit in einen Konflikt mit seinen Eltern und seinen Erzieher*innen (und mit der Polizei). Der Konsum hat, wie er auch zugibt, Auswirkungen auf sein körperliches und seelisches Wohlbefinden: Boris hat keine Kondition, fühlt sich schlaff, labil, »bekommt nichts mehr in die Ecke« und fällt dann »in komische Stimmungen«. Boris ist mit sich unzufrieden, da er gern Sport machen möchte, aber sich zu schlaff fühlt.

- Boris steht vor der Aufgabe, sein körperlich-seelisches Wohlbefinden zu verbessern. Dies umfasst die Entwicklung eines moderaten sowie auch für andere akzeptablen Umgangs mit Rauschmittel

(Cannabis, Alkohol, Nikotin) und von Aktivitäten, die ihm im Ausgleich zum Stress im Alltag und der Schule Entlastungssituationen verschaffen, zum Beispiel Sport oder Musik (vgl. Tabelle 3.1: Altersphase 16 bis 18 • Körperbilder).

Ein drittes Konfliktthema bezieht sich auf den Streit mit den Erzieher*innen in seiner Wohngruppe, wobei es um die Erledigung der »Ämter« in der Gruppe und um die Regeln des Zusammenlebens in der Wohngruppe geht. Mit den Regeln der Wohngruppe ist er unzufrieden, deshalb gibt es häufig Streit. Boris kann aber keine Vorschläge machen, wie »bessere Regeln aussehen könnten«. Er hat Schwierigkeiten mit Autoritätspersonen (Erzieher*innen).

- Boris steht vor der Entwicklungsaufgabe, Konventionen zu akzeptieren, aber auch gleichzeitig Interaktionsstrategien zu entwickeln, die ihn und sein soziales Umfeld unterstützen, Konventionen auszuhandeln: wie zum Beispiel sich gegenseitige Gefühle und soziale Erwartungen mitteilen, gemeinsame Reflexion der wechselseitigen Erwartungen und Standpunkte, eigenen und fremden Standpunkt infrage stellen, mit Argumenten überzeugen (vgl. Tabelle 3.1: Altersphase 16 bis 18 • Interaktionsstrategien).

Darüber hinaus gibt es noch weitere Konfliktthemen und Entwicklungsaufgaben: Freundschaften sind Boris wichtig. Mit seinen gegenwärtigen Gleichaltrigenbeziehungen ist er unzufrieden, »weil man doch nicht über alles reden kann … oft hängen wir nur rum … 'nen bisschen langweilig da«. Es kommt gelegentlich zu Streit.

- Die Entwicklungsaufgabe lautet: Abstimmen von gemeinsamen Plänen und Interessen mit anderen Gleichaltrigen (Freunden) und gegenseitiges Vertrauen herstellen, Freundschaften konsolidieren (vgl. Tabelle 3.1: Altersphase 12 bis 15 und 16 bis 18 • allgemeine Aufgaben).

Aufgabe 2

Entwicklungsaufgabe »eine Berufsperspektive entwickeln, in der die eigenen Interessen berücksichtigt werden, und diese praktisch umsetzen«: Aufbauend auf das Interview könnte ein Erzieher oder eine Erzieherin mit Boris ein fragend-erörterndes Gespräch durchführen: Als Thema bietet sich seine Unzufriedenheit mit seiner derzeitigen Hauptschule an. Die an ihn zu richtenden Fragestellungen einschließlich Einleitung könnten lauten:

> »Du möchtest später mal einen guten Job haben, du interessierst dich für den Beruf des Universalschweißers. Dafür brauchst du, wie du schon im Interview gesagt hast, zuerst den Hauptschulabschluss, um dann eine Ausbildung zu machen. Kannst du dir eine Alternative zur jetzigen Hauptschule vorstellen, die dir diese oder eine andere Ausbildungsperspektive ermöglicht?«

In dem Gespräch könnte sein Bezugserzieher, wenn Boris nichts Konkretes einfällt, Alternativen vorschlagen: zum Beispiel den Hauptschulabschluss im Rahmen einer Berufsvorbereitung an einer Berufsschule zu erlangen oder ein Praktikum in einem Betrieb zu absolvieren.

Entwicklungsaufgabe »akzeptablen Umgang mit Rauschmitteln und eine körperlich seelische Stabilität entwickeln, indem er sich zum Stress im Alltag und der Schule Entlastungssituationen schafft«: Ein Erzieher oder eine Erzieherin könnte mit ihm gemeinsam Sport treiben. Dies kann Boris motivieren, sich zu bewegen und gleichzeitig seine Erzieher*innen in einem anderen Licht wahrzunehmen (als unbeliebte Autoritätspersonen). Dabei ließe sich in fragend-erörternden Gesprächen klären, wie er sich im Alltag dauerhaft Entlastungssituation verschaffen kann, um sein körperlich-seelisches Wohlbefinden zu verbessern. Dabei könnte auch geklärt werden, wie ein akzeptabler Umgang mit Rauschmitteln aussehen könnte, der weder zu Ärger mit anderen (Eltern; Erzieher*innen) noch zu »Schlaffheit« führt. Auch erlebnispädagogische Angebote und Freizeiten wären hilfreich, um sein Wohlbefinden zu verbessern.

Entwicklungsaufgabe »Konventionen akzeptieren, Interaktionsstrategien entwickeln, die ihn und sein soziales Umfeld unterstützen, Konventionen auszuhandeln«: Es sollten (falls noch nicht vorhanden) Partizipationsmethoden in der Wohngruppe eingeführt werden, wo Boris (und die anderen Jugendlichen) Regeln aushandeln. Eine Methode dafür sind regelmäßige, moderierte Gruppengespräche mit allen Jugendlichen und Erzieher*innen der Wohngruppe.

Entwicklungsaufgabe »Abstimmen von gemeinsamen Plänen und Interessen mit anderen Gleichaltrigen (Freunden) und gegenseitiges Vertrauen herstellen, Freundschaften konsolidieren«: Man könnte Boris zu einem Brainstorming anregen. Das Thema könnte sein: »Welches interessante Projekt könnte ich meinen Freunden vorschlagen, das wir gemeinsam durchführen?« Mithilfe von Rollenspielen ließe sich einüben, wie er sein Projekt den anderen schmackhaft machen könnte.

Fallbeispiel 2: Frau Zielinski

Aufgabe 3

Zur aktuellen Familienfiguration von Frau Zielinski: Vieles spricht für die Familienfiguration 2 »getrennt leben und die Kinder gemeinsam erziehen mit Unterstützung von Verwandten und/oder Freunden«.

Frau Zielinski hat sich von dem leiblichen Vater ihres Sohnes getrennt. Ihr Ex-Partner hat einen eigenen Haushalt. Er hat ebenfalls das Sorgerecht und betreut seinen Sohn an Wochenenden (alle zwei Wochen). Außerdem nimmt er gemeinsame Termine wahr, wenn es um die Erziehung seines Sohnes geht. Die Mutter von Frau Zielinski ist alle zwei Monate für eine Woche im Haushalt von Frau Zielinski und unterstützt sie in der Erziehung und im Haushalt. Frau Zieleiski ist regelmäßig bei der Mutter in Polen.

Allerdings wird in dem Interview nicht deutlich, ob ihre Mutter wesentlich zur Entlastung in der Erziehung beiträgt. Dies müsste man in einem Gespräch klären. Auch die Figuration 1 könnte zutreffen (»getrennt leben und die Kinder gemeinsam erziehen«). Beide Antworten sind richtig.

Aufgabe 4

Frau Zielinski wünscht sich für die Zukunft die Figuration 5 »multiple Elternschaft«. Sie möchte einen neuen Partner haben, der zu ihrem Sohn passt und auch an der Erziehung beteiligt ist. Dass sie mit ihm weitere Kinder haben könnte, kann sie sich gut vorstellen. Gleichzeitig soll sich der leibliche Vater ihres Sohnes an der Erziehung beteiligen. Frau Zielinski wünscht sich einen bessern Eltern-Kontakt mit ihrem Ex-Mann.

Aufgabe 5

Frau Zielinski folgt dem Orientierungsmuster 1 »Beibehaltung der alten Triade und Versuch, einen neuen Partner zu integrieren«. Frau Zielinski möchte, dass ihr Ex-Mann trotz Trennung seine elterlichen Funktionen beibehält. Sie hat zwar noch keinen Partner, kann sich dies aber vorstellen und wünscht sich eine »Vollfamilie«.

Aufgabe 6

Im Interview werden zwei Entwicklungsaufgaben benannt:

- Die Eingewöhnung ihres Sohnes in die KiTa, die damit verbundene Ablösung des Jungen von der engen Mutter-Kind-Dyade und die Überwindung von Trennungsängsten, stellt eine zentrale altersgemäße Entwicklungsaufgabe dar.
- Ihr Sohn steht vor der Entwicklungsaufgabe, sich mit Gleichaltrigen zu beschäftigen und mit ihnen Beziehungen einzugehen.

Aufgabe 7

Hilfreich wäre es für Frau Zielinski, wenn die sozialpädagogische Fachkraft ihr vorschlagen würde, mit ihr und einer Fachkraft der KiTa ein Gespräch zu führen, um einen Eingewöhnungsplan für »Junior« zu erstellen. Die Fachkraft der Beratungsstelle könnte Frau Zielinski Rollenspiele anbieten, um die morgendliche Übergabe bzw. Verabschiedung von »Junior« in der KiTa einzuüben. Auch der Vorschlag, sich im Elterncafé mit anderen Eltern auszutauschen, die in einer ähnlichen Situation wie Frau Zielinski waren (oder sind), würde ihr mehr Vertrauen und Selbstsicherheit geben.

Kinderspielplätze sind ein Ort, wo Kinder dauerhaften Kontakt untereinander aufnehmen können (aber auch Eltern). Die Fachkraft könnte sich mit Frau Zielinski und ihrem Sohn auf einem nahegelegenen Kinderspielplatz treffen (anstelle in der Familienberatungsstelle).

Aufgabe 8

Frau Zielinski befindet sich in der Bildungskonstellation »Abarbeiten am/Transformation des Herkunftsmodells«.

Die Herkunftsfamilie bildet einen zentralen Bezugspunkt für die Reflexion und Gestaltung ihres jetzigen Familienlebens. Sie will vieles besser machen als ihre eigene Mutter. Dies zeigt sich an den folgenden Textstellen.

- Aussagekräftig in dieser Hinsicht ist die folgende Interviewstelle, in der sie über ihre Kindheit berichtet: »Mutter war manchmal 'ne ganze Woche nicht zu Hause. Das war im Nachhinein nicht gut. Kinder brauchen ihre Mutter, Oma war zwar immer für uns da, aber Mama hat gefehlt!« Im Unterschied zu ihrer Mutter möchte sie zeitlich und fürsorgerisch wesentlich intensiver für ihr Kind da sein als ihre Mutter. Im Gegensatz zu ihrer Mutter strebt sie eine Teilzeitbeschäftigung in räumlicher Nähe zu ihrem Sohn an.
- Frau Zielinski erwähnt im Interview, dass ihre Mutter nicht stark genug in der Familie war (»Papa war der Boss zu Hause«); im Unterschied zu ihrer eigenen Mutter möchte sie in der Erziehung domi-

nanter sein. Dass sie sich daran mit ihrer Mutter aktuell abarbeitet, wird auch im Interview erwähnt: »da sprechen wir immer noch davon, gerade gestern haben wir gesprochen«.

- Ihre Eltern haben sie nicht unterstützt, die Universität zu besuchen. Dies will sie ihrem Sohn ermöglichen: »ich hätte zum Beispiel Universität besuchen können, ich will für-für das Kind, dass er geht, er hat gute Schule«.
- Im Unterschied zu ihrer Mutter hat Frau Zielinski sich von ihrem Mann getrennt. »Die Ehe war nicht gut, schon früh kaputt. Meine Mutter hätte sich scheiden lassen müssen ... Also hat sie es mit meinem Vater ausgehalten. Das hat alles verschlimmert«.
- Aus Sicht von Frau Zielinski stand bei ihrer Mutter der Beruf im Zentrum, vieles wurde dem nachgeordnet: »Hätte sie sich scheiden lassen, wäre sie ganz allein gewesen mit uns, ohne Oma. Was wäre dann gewesen mit ihrem Beruf, das wäre nicht gegangen«. Um ihren Beruf auszuüben, hatte sie es in Kauf genommen, ihre Mutterrolle nachzuordnen und auf eine Scheidung zu verzichten. Demgegenüber räumt Frau Zielinski dem Beruf nicht den zentralen Stellenwert ein wie ihre Mutter.

Aufgabe 9

Die Familie befindet sich nach der Trennung in einem Übergang im Hinblick auf die Familienfiguration. Daraus ergeben sich folgende Themen für die Sozialpädagogische Fallarbeit.

Es geht darum, die Elternrollen und Verantwortlichkeiten gemeinsam zu klären. Frau Zielinski hat scheinbar wenig Vertrauen in die Zuverlässigkeit ihres Ex-Mannes im Hinblick auf seine Vaterrolle, denn er bezahlt nur unregelmäßigen Unterhalt. Zudem hatte er sich aus Sicht von Frau Zielinski im Familienleben vor der Scheidung nicht genügend als Vater engagiert. Als Methode würde sich hier ein fragend-erörterndes Gespräch mit beiden Elternteilen anbieten. Alternativ wäre auch das Familienszenario denkbar, in dem man beide Elternteile unabhängig voneinander auffordert, ihren gegenwärtigen und gewünschten Familienalltag aufzustellen. In einem gemeinsamen fragend-erörternden

Gespräch könnten sich die Elternteile ihre Figurationen vorstellen und kommentieren.

Auch die Vater-Sohn-Beziehung ist ein Thema, das Frau Zielinski im Interview erwähnt. Es müsste geklärt werden, was sich »Junior« aktuell von seinem Vater wünscht. Als Methode käme die Tierfamilie infrage.

Ein weiteres Thema, das Frau Zielinski bewegt, ist das schwierige Verhältnis zu ihren Schwiegereltern. Auch hier könnte man Frau Zielinski anbieten, die Beziehung zu ihren Schwiegereltern im Hinblick auf die Zukunft auszuloten:

- Was erwarte ich von den Schwiegereltern?
- Was wünscht sich »Junior« von den Großeltern väterlicherseits?
- Welche Beziehungsmodelle sind denkbar?
- Methoden: fragend-erörternde Gespräche, Tierfamilie, Familienszenario.

Ein weiteres Thema ist die finanziell prekäre Situation von Frau Zielinski nach der Trennung und der gewünschte Einstieg in den Beruf. In einem fragend-erörterndem Gespräch und mithilfe eines Zielplakates könnte man Frau Zielinski dabei unterstützen, sich Zukunftsziele zu setzen und Prioritäten im Hinblick auf deren zeitliche Realisierung zu entwickeln.

Aufgabe 10

Bei dem Begriff »Bildung« sollte folgendes berücksichtigt werden: Reflexionsprozesse, die zur Konstruktion und Veränderung von Lebenskonzepten bzw. Familienkonzepten hinführen:

- *Bei Jugendlichen:* Unter Bildung werden Reflexionsprozesse verstanden, die zur Konstruktion und Veränderung von Lebenskonzepten im Hinblick auf ein gelungenes und sozial akzeptables Leben hinführen (siehe Definition 2.3).
- *Bei Eltern:* Reflexionsprozesse, die zur Konstruktion und Veränderung von Familienkonzepten hinführen (siehe Definition 5.1 und 5.2).

Bei dem Begriff »Lernen« sollte folgendes berücksichtigt werden (vgl. Kapitel 2.1 letzter Absatz, Definition 2.4.)

- Erwerb und Weiterentwicklung von Kompetenzen; Lernen bezieht sich im Unterschied zu Bildung auf den Erwerb von Wissen und Fertigkeiten, die im Alltag (in der Familie, in der KiTa oder der Schule, in der Freizeit in den Peer-Kontexten) angewendet werden.

Bei dem Begriff »Erziehung« sollte folgendes berücksichtigt werden (vgl. Kapitel 3.1 und Definition 3.2):

- Vermittlung von bestimmten Werten und Normen durch Eltern, Lehrer*innen oder Gleichaltrige
- Erziehung ist durch Machtpositionen/-balancen gekennzeichnet: Erziehende konfrontieren die zu Erziehenden mit Normen bzw. Verhaltenserwartungen, Letztere können dies ablehnen/verweigern
- Bewältigung von Entwicklungsaufgaben

Bewertungsskala

Punkte	Note
52–55,9	Note: 4,3
56–59,9	Note: 4,0
60–63,9	Note: 3,7
64–67,9	Note: 3,3
68–71,9	Note: 3,0
72–75, 9	Note: 2,7
76–79,9	Note: 2,3
80–83,9	Note: 2,0
84–87,9	Note: 1,7
88–91,9	Note: 1,3
92,1–96	Note: 1,0
96,1–100	Note: 1,0